A História na América Latina

FGV de Bolso
Série História

A História na América Latina

ensaio de crítica historiográfica

Jurandir Malerba

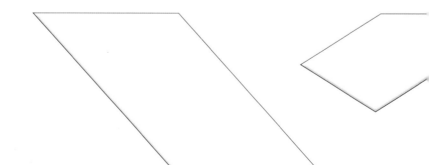

ISBN 978-85-225-0717-7

Copyright © 2009 Jurandir Malerba

Direitos desta edição reservados à
EDITORA FGV
Rua Jornalista Orlando Dantas, 37
22231-010 Rio de Janeiro – RJ – Brasil
Tels.: 0800-21-7777 – 21-2553-4427
Fax: 21-2559-4430
e-mail: editora@fgv.br
web site: www.fgv.br/editora

Impresso no Brasil / *Printed in Brazil*

Todos os direitos reservados. A reprodução não autorizada desta publicação, no todo ou em parte, constitui violação do copyright (Lei no 9.610/98)

Os conceitos emitidos neste livro são de inteira responsabilidade do autor.

Este livro foi editado segundo as normas do Acordo Ortográfico da Língua Portuguesa, aprovado pelo Decreto Legislativo no 54, de 18 de abril de 1995, e promulgado pelo Decreto no 6.583, de 29 de setembro de 2008.

1ª edição – 2009

COORDENADORES DA COLEÇÃO: Marieta de Moraes Ferreira e Renato Franco

PREPARAÇÃO DE ORIGINAIS: Luiz Alberto Monjardim

EDITORAÇÃO ELETRÔNICA/REVISÃO: Canal 6

PROJETO GRÁFICO: Dudesign

CAPA: Dudesign

Ficha catalográfica elaborada pela
Biblioteca Mario Henrique Simonsen/FGV

Malerba, Jurandir
  A História da América Latina: ensaio de crítica historiográfica / Jurandir Malerba. - Rio de Janeiro : Editora FGV, 2009.
  146 p. (Coleção FGV de bolso. Série História)

  Inclui bibliografia.

  1. América Latina – Historiografia. I. Fundação Getulio Vargas. II. Série. III. Título.

CDD – 907.2

Para
Arcemiro, Aparecida e José Amélio Fonzar,
in memoriam.

Dora e Giulia,
celebração da vida.

Sumário

Prefácio   9

Introdução   13
   Antes da década de 1960
   Contexto histórico e intelectual da "transição paradigmática"
   As relações com os polos culturais hegemônicos
   Novos objetos
   Marxismo e historiografia latino-americana

Capítulo 1
Décadas de 1970 e 1980   49
   A história econômica
   A história social

Capítulo 2
Décadas de 1980 e 1990   91
   Nova história política
   Nova história cultural

Considerações finais   119

Orientação bibliográfica   123

Bibliografia   129

Prefácio

A pesquisa que resultou neste livro começou em meados de 2004, por força de um convite feito pelos editores do nono volume da *Colección Unesco de Historia General de América Latina* (Perez Brignoli e Martins, 2006). Para escrever o capítulo que me cabia, sobre perspectivas e problemas na historiografia latino-americana, minha estratégia foi realizar um recorte que cobrisse, aproximadamente, desde a ruptura epistemológica ocorrida na década de 1960 até os dias atuais, quando os efeitos daquela ruptura ainda se fazem sentir. Assim, uma versão revista e ampliada do capítulo encomendado – na qual se aprofundam algumas questões (como o contexto da transição paradigmática) e se acrescentam outros temas (como o debate sobre o marxismo naquele mesmo contexto), além de exemplos das vertentes historiográficas analisadas – constitui o corpo deste livro.

O leitor poderá notar que o texto se estrutura em dois eixos principais: lógico e cronológico. Do ponto de vista lógico, o foco incide na abordagem das formas de escrita histórica que foram preponderantes na América Latina antes e a partir da fratura epistemológica iniciada nos anos 1960 nos centros hegemônicos da cultura ocidental, com a emergência do movimento intelectual do pós-estruturalismo nas ciências humanas e sua recepção paulatina, com relativo descompasso cronológico, nos ambientes intelectuais latino-americanos. Esse descompasso explica, em boa medida, por que a história econômica e social manteve-se ainda por quase duas décadas como o registro historiográfico mais importante entre os historiadores da região, até meados dos anos 1980, quando se inicia o afluxo vertiginoso das novas orientações temáticas e teóricas assentadas, grosso modo, naquilo que se batizou de *cultural turn* nas ciências humanas e na história.

Cronologicamente, todo esse movimento é apresentado neste livro a partir da crítica dos padrões historiográficos hegemônicos na região entre os anos de 1970 e 1990 até os dias correntes. Na introdução examinam-se alguns elementos fundamentais para a compreensão da dinâmica da historiografia latino-americana no período em questão, como o próprio contexto da transição paradigmática e as relações que os diferentes polos da produção intelectual (e, em particular, historiográfica) da nossa região mantêm com os centros culturalmente hegemônicos, com especial ênfase na ascendência intelectual e institucional norte-americana sobre os países do sul do continente.

Um aspecto importante a sublinhar fica por conta da estratégia argumentativa aqui adotada: em virtude da própria vastidão do objeto de análise, tivemos que operar inevitáveis recortes no tratamento da historiografia latino-americana em pauta. Primeiro, não sendo possível contemplar todos os inúmeros "canteiros" dessa rica historiografia, centramos a análise naquelas formas de escrita entendidas como preponderantes nos respectivos períodos. Segundo, para além desse primeiro recorte, a necessidade de ilustrar as teses propostas com exemplos colhidos na produção historiográfica latino-americana impõe uma inevitável seleção desses exemplos. Nossos critérios de inclusão primam, nesse particular, pela representatividade da vertente em tela, de modo que muitos autores e obras importantes acabaram por ficar de fora desta análise, estruturada a partir de amostragens.

Por fim, uma palavra de agradecimento àqueles que, de diferentes modos, contribuíram para a produção deste livro: aos professores Ciro Cardoso e Francisco Falcon, pela a sugestão de títulos importantes, além de análises próprias das quais este trabalho muito se beneficiou; aos professores Hendrik Kraay, Luiz Geraldo silva e Carlos Aguirre Rojas, pela permanente interlocução; ao consultor *ad hoc* da Editora da FGV, cuja leitura notavelmente profissional permitiu aparar arestas e agregou qualidade ao produto final. Por fim, meus agradecimentos à Editora da FGV, na pessoa da professora Marieta de Moraes Ferreira, pela distinção do convite para contribuir para esta coleção.

Introdução

Num excelente balanço dos estudos históricos sobre América Latina, escrito há pouco mais de três décadas, o historiador sueco Magnus Morner (1973) reconheceu a dificuldade de se analisar em poucas páginas um assunto vasto e complexo como as "novas perspectivas e problemas na historiografia latino-americana", especialmente se o autor não fosse um Richard Morse (1964). Para a geração a que pertenciam ambos os célebres latino-americanistas, ainda era possível a um único historiador, como Morner ou Morse, empreender sozinho um trabalho de tamanha envergadura. Desde então, porém, assiste-se a uma verdadeira explosão da produção historiográfica, marcada pela expansão das historiografias nacionais, pela consolidação de seus programas de pós-graduação, pelo incremento dos veículos de difusão do conhecimento histórico, pela maior inserção dos historiadores latino-americanos no debate internacional e por uma relativa profissionalização da área na maioria dos países da América Latina. Esse surto, tanto qualitativo como quantitativo, de produção nas últimas três décadas, por sua vez, exige um esforço de avaliação permanente, que vem sendo observado na região, seja por parte de pesquisadores isolados, seja nos centros que começam a surgir. Devido à extensão e diversidade alcançadas pela historiografia latino-americana nas últimas décadas, a tarefa, hoje urgente e imperiosa, de produzir avaliações críticas de seus itinerários demanda esforços coletivos e coordenados, que apenas timidamente se anunciam. Assim, o alcance e o objetivo deste pequeno livro são necessariamente heurísticos, no sentido de que muitas das questões aqui levantadas terão o caráter de hipóteses de investigação que deverão ser testadas à luz de pesquisas posteriores. Que ele sirva, então, como um estímulo a novos investimentos no campo.

Mais consequente do que tentar traçar um quadro geral da historiografia latino-americana contemporânea, que redundaria em uma tipologia ou uma classificação estática e não mais que descritiva das vertentes historiográficas do continente, pareceu-me mais oportuno apresentá-las em uma perspectiva histórica, ou seja, refazer seus itinerários nas últimas quatro décadas, a partir de um quadro interpretativo que possibilite perceber o processo de mudança dessa historiografia no mesmo período. Aqui, dois pontos são fundamentais. Primeiro, o contexto histórico mais amplo de transformações societais e epistemológicas catalisadas na década de 1960, num cenário de crise de valores da cultura ocidental de que as intentonas revolucionárias de 1968 são a melhor expressão. Assim, os anos 1960 devem ser tomados como um verdadeiro ponto de inflexão, como, aliás, o são para toda a história contemporânea, em uma perspectiva de longa duração[1]. Isso não tanto pela qualidade e

---

[1] Por mais que os próprios líderes daquele movimento queiram hoje negá-lo. Ver comentário de John Lichfield (Ex-anarchist visits "enemy" Sarkozy. *The Independent*, London, 17-4-2008) sobre livro recém-lançado em que Daniel Cohn-Bendit, "o vermelho", um dos mais proeminentes líderes das jornadas francesas de 1968, renega a importância do movimento e praticamente "pede desculpas" por sua atuação nele.

quantidade do que então se produziu, e sim pelo caráter quase traumático da mudança no modo de se conceber e escrever a história. Nesse sentido, minha linha de argumentação é que a história da historiografia da América Latina no período em tela, é marcada por uma radical transição paradigmática que levou – para além da historiografia tradicional ainda numericamente majoritária e sob o influxo das perspectivas inovadoras então emergentes – ao abandono das histórias de caráter holístico e sintético que então se elaboravam, baseadas em grandes teorias explicativas, em favor de novas modalidades analíticas de escrita histórica, centradas em objetos construídos em escala reduzida. Os anos de 1968 e 1989 são dois momentos simbólicos fortes desse movimento.

Um segundo ponto de referência para a compreensão da trajetória da historiografia latino-americana são as fortes e ambíguas relações que ela mantém com outros centros culturais, em geral, e historiográficos, em particular, ao longo do tempo, sobretudo no período histórico referido. Esses dois pontos serão analisados em maior detalhe adiante. Antes, contudo, cabe traçar, ainda que em largas pinceladas, o quadro da historiografia latino-americana anterior ao período de transformações que se inicia na década de 1960. Após esboçarmos as circunstâncias gerais que redundaram no acolhimento de novos objetos pela historiografia latino-americana, encerraremos esta seção introdutória com uma análise do marxismo no cenário continental, em função do papel central que cumpriu o pensamento marxista na renovação da disciplina desde sua recepção pelos circuitos acadêmicos na década de 1960. Marxismo, aliás, que não passou incólume pelas radicais transformações epistemológicas deflagradas desde aquela mesma década, como veremos a seguir.

Antes, porém, duas ressalvas. Desnecessário será tentar justificar o acento marcadamente brasileiro presente nesta análise da produção historiográfica latino-americana e, sobretudo, nos exemplos lembrados. O próprio objetivo do texto, que é delinear tendências, leva inevitavelmente à proposição de generalizações, que são um recurso do raciocínio e uma estratégia argumentativa. Natural é que muitas delas se apliquem com maior propriedade a um país do que a outro, a uma tradição do que a outra, inclusive por causa do descompasso entre as trajetórias de cada uma dessas historiografias nacionais. Assim, talvez muitos traços aqui destacados sejam válidos para uma parte e não para outra da América Latina, pois não apenas nas esferas econômica, social e política, mas igualmente no âmbito historiográfico continua a haver uma gradação de ritmos e de trajetórias. Nos extremos, temos uma América Latina mais desenvolvida e outra menos, de acordo com quaisquer índices internacionais usados para essas medições sempre controversas. Tais diferenças surgem inevitavelmente também no campo historiográfico. Essa característica é marcante, por exemplo, no que tange à própria periodização proposta para as décadas de 1970 a 1990. Ela deve ser concebida como instrumento de análise e exposição, e nunca ser considerada de maneira engessada, pois, generalista como é, nessa ampla periodização não se visualizam com detalhes muitas sutis diferenças nacionais.

Por outro lado, a magnitude da produção historiográfica latino-americana nos últimos 40 anos torna impossível contemplar na análise todos os inúmeros e riquíssimos campos de pesquisa na área, impondo-nos inevitáveis recortes. O critério de inclusão que fundamenta minhas opções é a maior representatividade de determinados campos no período em foco, para a caracterização daquelas que, a meu ver, são as *tendências majoritárias*, as linhas mestras dessa historiografia. Assim, depois de apresentado o quadro geral de transição paradigmática que caracteriza tal período – e suas consequências para a historiografia latino-americana – ganham destaque os vastos e diversificados campos da história social e da história econômica, como representativos do que mais e melhor caracteriza nossa produção nos anos 1970 e 1980, e a "nova" história política e cultural, nos anos 1980 e 1990. Vale ressalvar a plena consciência do alto grau de aleatoriedade inscrito nessas classificações e cronologias, aqui adotadas com fins exclusivamente heurísticos e expositivos. O critério de inclusão será, sem dúvida, muito mais fácil de justificar que os de exclusão, donde a frustração de não podermos contemplar, neste livro, vertentes importantíssimas e com forte tradição na produção historiográfica da região, tais como a história das ideias e a história intelectual e dos intelectuais, a história administrativa, diplomática e das relações internacionais, a história da Igreja e das religiões, a história militar, a história demográfica e a história urbana e agrária, e outras, mais recentes, mas não menos vigorosas, como a história do esporte e a história ambiental. Os campos incluídos bastarão, contudo, para esboçar as tendências gerais de mudança nas concepções do fazer historiográfico na América Latina.

Antes da década de 1960

É importante sublinhar que aqui estarão em foco aquelas práticas e resultados historiográficos que se podem entender como *inovadores*. Antes de 1960 – e mesmo depois disso, como mostram esparsos estudos historiográficos –, prevalecia em termos quantitativos um tipo de história que se poderia chamar de "tradicional", ou seja, não profissional, produzida por intelectuais autodidatas com as mais diversas formações, mas também vinculados a instituições de ensino ou agremiações tradicionais, como sociedades e institutos históricos. Para o historiador mexicano Álvaro Matute (1974), em compêndio que organizou sobre a natureza do conhecimento histórico com textos escritos no México entre 1940 e 1968 – período que marcaria o início da profissionalização da história no país, com o estabelecimento de uma carreira profissional na Universidade Nacional –, as duas principais posturas históricas assim assumidas eram então o positivismo e o historicismo. Embora com uma ênfase tendenciosa na segunda, da qual o editor é simpatizante, e ainda lacunar, por não incluir nomes e vertentes já importantes àquela altura, essa obra indica o tipo de história tradicional que se praticava antes de 1960, não apenas no México, mas em outros centros historiográficos importantes, como o Brasil. Aqui, onde a "profissionalização" foi muito mais tardia e ainda é incompleta (já que, embora contando com historiadores profissionais, a profissão em si ainda não é sequer reconhecida pelo Estado até hoje), a prevalência de uma história centrada no Estado, história oficial (quando não oficiosa), apologética das elites governantes,(quando não paroquial e biográfica), foi também regra até avançada a década de 1960. O professor Francisco Falcon (2004a), ao analisar a historiografia brasileira nos anos 1950 e 1960, revela o modo prosaico pelo qual se concebia a história em um centro tão importante como a Faculdade Nacional de Filosofia, do Rio de Janeiro, onde a ausência de discussão teórica era a regra, assim como o exercício da história política e diplomática tradicionais, quando o exercício da pesquisa praticamente inexistia – quadro que só começaria a mudar à altura dos sucessos históricos do golpe militar, deflagrado em 1964. Claro está que outras concepções mais arrojadas existiam, como no caso do Brasil, mas em geral fora do círculo dos historiadores. Em outro ensaio, Falcon (2004b) mostra como, ao longo da década de 1950, a historiografia propriamente dita continuava fiel ao empirismo positivista, cultivando uma história do Estado e seus agentes políticos, militares, administrativos e diplomáticos. A renovação, ainda incipiente, acontecia fora da "academia", como nas obras de autodidatas, sociólogos, juristas e assim por diante. Pessoas como Caio Prado, Sérgio Buarque de Holanda e Raymundo Faoro, no Brasil, Marino Gongora, no Chile, Renato Rosaldo e Daniel Cosío Villegas, no México, entre inúmeros pares nesses e em outros países latino-americanos, praticavam história criativa e rigorosa, comparável a qualquer produção de outros países "centrais", como França e Estados Unidos. Mas, a regra era o predomínio numérico de autores e obras rotuláveis sob o epíteto de "tradicionais".

Contexto histórico e intelectual da "transição paradigmática"

Pode-se dizer que a década de 1960 foi marcada por uma violenta aceleração do tempo histórico, que incidiu nas formas do ser, mas também do fazer e do pensar históricos. Muitos de seus ecos se ouvem claramente até hoje. No que tange à disciplina histórica, em 1979, o historiador inglês Lawrence Stone diagnosticava nela uma mudança estrutural: a história-ciência social, que postulava a possibilidade de uma explanação coerente da mudança histórica, teria sido abertamente rejeitada. Em seu lugar, emergia um renovado interesse nos mais variados aspectos da existência humana, acompanhado da convicção de que a cultura do grupo e mesmo o desejo do indivíduo podem ser, em determinadas circunstâncias, vetores de mudança potencialmente tão importantes quanto as forças impessoais do desenvolvimento material e do crescimento demográfico. Essa ênfase nas experiências de seres humanos reais implicou o retorno a formas narrativas de história.

Essa "virada" é sintoma de uma guinada cultural maior, vivida no mundo ocidental, a qual se revelou de forma dramática na própria concepção do escopo e dos limites das ciências humanas e sociais, e envolveu um reexame crítico da racionalidade científica então vigente. A história orientada pela ciência social, que dominou o cenário historiográfico no Ocidente no meio século que se estende aproximadamente entre 1930 e 1970, pressupunha uma relação positiva em direção a um mundo industrial moderno e em expansão, no qual ciência e tecnologia contribuiriam para o crescimento e o desenvolvimento. Mas essa fé no progresso e na civilização do mundo moderno foi posta em xeque desde os anos 1960, com a série de questionamentos radicais que culminariam nas revoltas antissistêmicas do final da década. Em uma época em que os intelectuais dos países de economia central falavam tranquilamente no consenso, na sociedade sem classes, livre de conflitos, começaram a surgir estudos sobre os "excluídos", pobres e excluídos em geral, que não compartilhavam mais do consenso. O olhar etnológico descobria o "outro" no próprio centro. Esse foi o fermento de inúmeros movimentos (contra) culturais no auge da Guerra Fria e no contexto da guerra do Vietnã, que evidenciavam os conflitos inerentes à própria sociedade industrial, como a questão do sexismo e do racismo, por exemplo. A sociedade industrial desenvolvida descobria os personagens colocados à margem de sua história vitoriosa.

Num contexto politicamente conturbado, marcado por contestações viscerais ao colonialismo europeu, às diferentes expressões do imperialismo econômico e cultural, pela propagação vertiginosa dos meios de comunicação em massa e por um processo crescente de encurtamento das distâncias e dos espaços, as velhas certezas que caracterizavam a razão ocidental foram radicalmente questionadas. A fé na ciência e no progresso, base não só do marxismo, mas também da *new economic history*, porta-voz do liberalismo, foi abalada pelo maio de 1968. Os modelos macro-históricos e macrossociais, baseados no Estado, no mercado ou no antagonismo de classes, não mais bastavam para explicar os anseios do momento. Essa visão pessimista em relação ao curso e à qualidade da moderna civilização ocidental ocupa um espaço central na "nova história cultural". Esta, tenta preencher as lacunas existentes, e compartilha com o marxismo clássico o entendimento da função emancipadora da historiografia, mas não dos limites que homens e mulheres devem superar. Os modos de exploração e dominação não mais se encontram, pelos menos primordialmente, nas estruturas institucionalizadas, na política ou na economia, mas, fundamentalmente, nas diversas relações interpessoais em que os seres humanos exercem poder uns sobre os outros. A questão de gênero aí assume um papel importante. Foucault substitui Marx como analista do poder e de suas relações com o conhecimento (Iggers 1997:98). Assim começava a se definir o estatuto epistemológico de uma corrente de pensamento que se denominou "pós-estruturalismo", precursora do pós-modernismo de 20 anos mais tarde.

Não cabe aqui buscar uma definição do conceito de pós-moderno, esse sincretismo de diferentes teorias, teses e reivindicações que tiveram origem na filosofia germânica moderna, especialmente em Nietzsche, estendendo-se até Heidegger, e na adaptação dessa filosofia por vários intelectuais franceses, particularmente os propositores das teorias pós-estruturalistas da linguagem desde a década de 1960, como Michel Foucault e Roland Barthes.

Num sentido muito geral, o pós-modernismo sustenta a proposição de que a sociedade ocidental passou, nas últimas décadas, por uma mudança de uma era moderna para uma "pós-moderna". Esta última se caracterizaria pelo repúdio final da herança da Ilustração, particularmente da crença na razão e no progresso, e por uma insistente incredulidade nas grandes metanarrativas, que imporiam uma direção e um sentido à história, em particular a noção de que a história humana é um processo de emancipação universal. No lugar dessas grandes metanarrativas temos agora uma multiplicidade de discursos e jogos de linguagem, o questionamento da natureza do conhecimento junto com a dissolução da ideia de verdade, e outros problemas de legitimação em vários campos. O impacto das proposições pós-modernas na teoria da história, mais especificamente na teoria da historiografia, foi enorme.

Antes de prosseguir com as mudanças paradigmáticas na historiografia latino-americana, cabe aprofundar um pouco esses dois postulados axiomáticos da teoria do conhecimento pós-moderna — se assim podemos chamá-la — que são sua teoria da linguagem e sua veemente negação do realismo, pois essa análise iluminará a compreensão do atual contexto historiográfico latino-americano, marcado por forte processo de fragmentação de objetos e por um afastamento progressivo dos parâmetros da história econômica e social. A primeira é tributária direta dos desdobramentos do *linguistic turn* e das negações pós-estruturalistas, que levaram ao paroxismo as apropriações que os primeiros estruturalistas, como Lévi-Strauss, fizeram da obra de Saussure. Trata-se agora de uma filosofia do idealismo linguístico, ou panlinguismo, que afirma que a linguagem constitui e define a realidade para as mentes humanas, ou seja, que não existe qualquer realidade extralinguística independentemente de nossas representações dessa realidade na linguagem ou discurso. Esse idealismo linguístico considera a linguagem como um sistema de signos que se referem apenas uns aos outros internamente, num processo de significação que nunca chegará a um sentido estabelecido.

A grande vulgarização dessa concepção de linguagem em anos recentes é um aspecto notável daquilo que se convencionou chamar de *linguistic turn* na história e em outras ciências sociais. Assim, o pós-modernismo nega tanto a capacidade da linguagem ou discurso de referir-se a um mundo independente de fatos e coisas, quanto a determinação final – ou a "resolubilidade" – do sentido textual. A partir daí, ele nega também a possibilidade do conhecimento objetivo e da verdade como horizontes utópicos de qualquer investigação. O leitor crítico, contudo, não terá dificuldade em perceber que essa filosofia idealista é, ela mesma, uma espécie de metafísica fundada em assertivas não provadas e improváveis a respeito da natureza da linguagem.

A teoria pós-moderna da linguagem é produto das interpretações enviesadas pós-estruturalistas das ideias do linguista suíço Fernand de Saussure, tal como expostas em seu *Curso de linguística geral*, publicado postumamente. Só para lembrar os principais eixos de sua teoria, Saussure tornou-se o fundador da linguística estrutural ao ensinar que o objeto das ciências da linguística deve ser a *langue* ou o estudo sincrônico e a-histórico da linguagem como um sistema total, mais do que a *parole* ou o estudo diacrônico e histórico da linguagem falada. Sua definição de linguagem como um sistema de signos distinguíveis apenas por sua oposição e diferença – e de signo como um significante arbitrariamente ligado ao significado – não implicou, contudo, a renúncia ao realismo ou a negação de que as palavras podem referir-se a objetos no mundo. Embora formado por uma conexão arbitrária entre um som e um sentido particular, o signo, tal como Saussure o definia, era um conceito com uma relação referencial à realidade. Saussure nunca supôs que o mundo é construído ou fundado na linguagem e que inexista independentemente de nossas descrições linguísticas. Conforme demonstraram inúmeros intelectuais, como Perry Anderson (1984:47 e segs; 1992), essas opiniões idealistas não eram do próprio Saussure, mas conclusões tiradas de seu trabalho e impostas por pós-estruturalistas e teóricos literários subsequentes, formuladores da filosofia pós-moderna da linguagem.

No que nos respeita, os teóricos pós-modernos são críticos do que eles chamam de "prática histórica normal" por algumas razões: o que os incomoda são coisas como a fé dos praticantes dessa "história normal" na possibilidade de uma história objetiva; sua convicção teimosa de que a história não apenas está relacionada a textos e discursos, mas também aspira a fornecer, em algum sentido, não absoluto ainda que válido, uma representação e um entendimento verdadeiros do passado; e sua suposta cumplicidade com o suporte ideológico do *status quo* político e econômico. Keith Jenkins, um dos mais badalados teóricos historiadores pós-modernos, afirma que as diferentes interpretações existem porque a história é basicamente um discurso em litígio, um campo ideológico de batalha onde pessoas, classes e grupos elaboram autobiograficamente suas interpretações do passado para agradarem a si mesmos. Todo consenso só seria alcançado quando as vozes dominantes conseguissem silenciar outras. "Ao fim, a história é teoria, a teoria é ideologia, e a ideologia é pura e simplesmente interesse material (Jenkins, 2001:43)."

Nesse litígio de interpretações, qualquer anseio de busca da verdade está definitivamente comprometido, já que não existe um referente não-linguístico que garanta qualquer objetividade ao texto do historiador. Nesse sentido, todos os textos se equivalem, e a busca da verdade e da totalidade está definitivamente comprometida, pois tudo se resume, no final, a pontos de vista, perspectivas, fundadas em textos, que remetem a outros textos e que se configuram por fim como textos, passíveis, enquanto tais, de todo tipo de *leitura*, já que o produto da história não é nada além de interpretação. Tais postulados formulados por pós-estruturalistas e, depois, por seus herdeiros intelectuais pós-modernos, são fundamentais para a compreensão da "nova história cultural" e, por extensão, da "nova história política", como veremos à frente para o caso da historiografia latino-americana.

Na história, isso se projetou na crença e na prática fácil de que o mundo não seria mais do que um campo de manifestação de discursos em conflito. Assim, cada um pode criar o seu, sem que haja parâmetro de crítica entre um e outro, já que cada qual funciona a partir de seus próprios postulados, ou dentro de "intradomínios especializados". O fundamento dessa nova atitude epistemológica é a elevação – ou a redução – de todo conhecimento a um efeito de linguagem, a um produto discursivo, em uma palavra: a representação (Cardoso e Malerba, 2000). O abandono das totalidades como horizontes utópicos é um dos esteios da vaga eclética de pensamento que se batizou de "pós-modernidade". Em uma palavra, e segundo Cardoso (1999), não haveria mais "história", e sim histórias "de" e "para" certos grupos definidos por determinadas posições, pelos "lugares de onde se fala". Para um grande número de autores pós-modernos, isso significa que, ao escrever, um historiador dirigir-se-ia, na realidade, a um daqueles grupos, justamente aquele que partilhe com ele do mesmo campo semântico. Essa pulverização dos sujeitos do discurso culminou na proposição da existência de uma história das mulheres, uma história dos negros, uma história dos homossexuais, uma história construída em torno de interesses ecológicos, de jovens e velhos, em relação a diversos grupos étnicos ou nacionais, e assim por diante. Tal atitude é marcante nos estudos históricos na década de 1990, inclusive na América Latina, como se verá a seguir.

Os pressupostos elementares de tal atitude cognoscitiva são a existência de uma sociedade fragmentada em subculturas, a desistência da busca de horizontes holísticos, coletivos e seu corolário, a desistência de qualquer proposta de explicação de fenômenos sociais e históricos a partir de uma compreensão totalizante e seu desdobramento político, a recusa a qualquer tipo de mobilização coletiva, bem característica desta nossa época de individualismo e narcisismo exacerbados. A atitude de procurar retirar aos seres humanos seu potencial de agente transformador é uma das consequências diretas da proclamada "morte da história" e da "morte das ideologias". O "homem" será interessante para os pós-modernos como não mais que mero membro de comunidades de sentido, em uma sociedade irrecuperavelmente fragmentada. Mas é importantíssimo guardar que esse grande movimento se desenrolava nos polos hegemônicos da cultura ocidental, nos países de economia capitalista central. Na América Latina, uma outra vaga inovadora propagava-se ainda sob a égide da racionalidade moderna, nas diversas expressões da teoria da dependência. Esta será examinada com pormenores mais à frente.

As relações com os polos culturais hegemônicos

Esboçado o quadro geral de profundas mudanças que marcaram o pensamento ocidental em seus centros hegemônicos ao longo dos anos 1960, e antes de abordar a emergência de um genuíno pensamento latino-americano representado pelas teorias da dependência, – que alguns autores identificaram a um novo "paradigma" (Bergquist, 1970) – é imperioso enunciar aquele segundo ponto de referência para a compreensão da trajetória da historiografia latino-americana, que são as marcantes relações que esta manteve e mantém com outros polos culturais. Pois é claro que a historiografia latino-americana não surgiu nem se desenvolveu "no vazio", e sim intimamente conectada às matrizes do pensamento histórico ocidental. Essa conexão é parte constituinte de sua própria história e reveladora do dilema da crônica subordinação presente nessa relação. O fardo da herança colonial que carregam os povos da América Latina deitou profundas raízes na história e na cultura da região, e as independências do século XIX só em parte conseguiram superá-las. Esse é um ponto de partida para o entendimento de nossa historiografia e mesmo de nossas culturas, de modo geral.

Outro lado da mesma moeda está presente nas relações culturais assimétricas estabelecidas entre as potências capitalistas hegemônicas e a região, ao longo dos séculos XIX e XX. Nessa perspectiva, nem será correto falar em dependência, pois a cultura hegemônica na América (do Norte e do Sul) é também "europeia", no sentido de que suas estruturas mentais, sua ancestralidade intelectual, provêm das matrizes forjadas no Velho Mundo. As línguas oficiais na América Latina, não por acaso, são o espanhol e o português (o inglês e o francês em menor extensão). Além disso, boa parte dos quadros das elites dirigentes da região foi formada nas universidades metropolitanas, principalmente no caso da América portuguesa, onde a universidade constitui-se apenas no século XX – e ainda sob o patrocínio de uma "missão francesa". Paris era a capital cultural do Ocidente durante o século XIX e ditava as modas de pensamento então. Basta lembrar a vitalidade que experimentou o positivismo comtiano na América Latina. Essa posição hegemônica francesa se perdeu em função dos rearranjos geopolíticos de meados do século XX, do espólio da II Guerra Mundial, quando então os Estados Unidos se firmam como potência global.

No caso deste último país, em suas relações com os latino-americanos, é lugar-comum entre os estudiosos, inclusive norte-americanos, a percepção de certo "pragmatismo" ditando os interesses de pesquisa sobre temas da América Latina. O historiador Thomas Skidmore refaz o percurso da presença do *"issue"* América Latina na pauta da academia americana e assinala o relativo desinteresse pela região entre os intelectuais americanos em geral, e os historiadores em particular, ao longo do século XX. Tal quadro só teria apresentado alteração com o advento da revolução cubana, quando milhões de dólares foram imediatamente disponibilizados para os pesquisadores, denunciando o equívoco da negligência anterior. Foi após Fidel, verdadeiro patrono dos estudos latino-americanistas nos Estados Unidos, que se criaram ali sociedades de estudo como a *Latin America Studies Association*, o *National Directory of Latin Americanists* e a *Conference on Latin American History*.

O pragmatismo americano, nesse início da década de 1960, evidencia-se no comprometimento dessa intelectualidade, que se colocou a serviço de Washington em uma verdadeira "cruzada pela democracia", representada pela "Aliança para o Progresso", ou seja, o objetivo era conhecer a região para exportar-lhe o modelo americano de democracia liberal. Tal pragmatismo também se evidencia depois, já na década de 1970, no auge dos movimentos insurrecionais na América Central, nomeadamente Nicarágua e Guatemala, quando os holofotes da academia americana se voltaram para a região, até então completamente ignorada (Rosemberg, 1984). A *intelligentsia* americana foi constantemente estimulada a definir sua agenda sob o impulso mais que convincente da disponibilidade de fundos – esta, por sua vez, tem sido ao longo de décadas fortemente ditada por interesses estratégicos dos *police-makers* norte-americanos, sejam de ordem geopolítica, econômica, cultural ou quaisquer outros.

Alguns autores, por outro lado, entendem que a vaga de interesse dos *scholars* americanos pela América Latina teria resultado em imperialismo cultural e científico, visando consolidar interesses ideológicos, econômicos e políticos dos Estados Unidos na região. Semelhante entendimento até seria plausível para o período imediatamente posterior à revolução cubana, no auge da Guerra Fria (Grover 1988:350). Desde meados da década de 1980, porém, já não faz sentido pensar em uma força conspiratória e maquiavélica emanada de Washington, responsável por todo o interesse da academia norte-americana no Sul do hemisfério. Não se pensa em "imperialismo científico" nesses termos simplistas, de que toda investigação produzida no território dos Estados Unidos é resultado de uma política deliberada com motivações estratégicas. Mas não será difícil argumentar que certo viés de "colonialismo" cultural (este mais evidente) e científico exista de uma forma mais sutil. Determinados campos de estudo, que se impuseram na pauta de prioridades de muitos pesquisadores latino-americanos, incluindo os historiadores (e entre estes os brasileiros), como questões ligadas ao problema ecológico, aos direitos civis, aos direitos das "minorias" (aí incluídos os estudos das relações raciais, sexuais, religiosas e assim por diante) e às relações de poder interpessoais (entre homens e mulheres, mas também às relações domésticas em seu cotidiano, às relações dentro dos lugares de trabalho ou da escola), vêm-se implantando sutil e irreversivelmente na agenda dos cientistas sociais latino-americanos há cerca de duas décadas ou um pouco mais.

A entrada de novos personagens e temáticas na agenda dos pesquisadores foi, para Carlos Aguirre Rojas (1998), um dos efeitos do ano de 1968 sobre a historiografia ocidental. Este historiador mexicano vê esse ano como uma verdadeira revolução cultural, em escala mundial, que afetou os alicerces culturais da civilização ocidental, ou seja, a família, a escola e os meios de comunicação de massa. Uma das características dessa revolução que marcaria profundamente o modo de se conceber e escrever a história nas décadas seguintes é o que ele chamou de "irrupção do presente na história". Ou seja, o presente imediato vai se manifestar com muito mais força na historiografia, rompendo com a rígida divisão até então vigente entre presente e passado, e instalando a atualidade, a contemporaneidade nos objetos da pesquisa histórica. É o que se verifica com o surgimento de muitos temas importantes que ganharam destaque nos últimos 30 anos dentro da chamada antropologia histórica. Esta elegeu como seus tópicos principais a intimidade, a sexualidade, a história das mulheres, das crianças, da família, da loucura, dos marginais, da cultura popular, as questões raciais, ecológicas etc., como seus temas preeminentes. Segundo Aguirre Rojas, na esteira de Foucault, o ano de 1968 teria derrubado a "episteme" vigente desde o final do século XIX. Do ponto de vista da institucionalização dos lugares de produção do conhecimento, aquela episteme se caracterizaria pela compartimentalização dos saberes disciplinares, parcelados, atomizados e baseados na especialização — não obstante a percepção, por parte de seus representantes (nomeadamente o marxismo), de estruturas sociais e cortes históricos abordáveis teoricamente como totalidades coerentes. A crítica reiterada a esse modo de aproximação do social seria uma das grandes impugnações de 1968 e influenciaria fortemente o conjunto das disciplinas sociais e a historiografia posterior. Uma pluralidade que se registra também, como veremos à frente, no nível das demandas dos novos movimentos sociais, que deixaram de ser econômicas ou políticas para se diversificarem e se fragmentarem em demandas feministas, pacifistas, ecologistas, urbanas, antirracistas, étnicas, comunitárias ou de outras minorias reprimidas que afloram no contexto das lutas sociais posteriores a 1968.

Por fim, outro aspecto importante que marca as relações da comunidade acadêmica latino-americana em geral – e historiográfica em particular – com os polos hegemônicos da cultura ocidental, e especialmente com os Estados Unidos, é o fato de que muitos historiadores latino-americanos vêm sendo formados, treinados em instituições americanas, desde o ensino universitário básico até a pós-graduação.

Novos objetos

A atual proliferação de objetos de investigação histórica entre os historiadores latino-americanos por um lado espelha a fragmentação geral peculiar à fase de transição paradigmática iniciada no final da década de 1960, mas por outro evidencia a dependência (na falta de melhor termo) cultural da comunidade intelectual latino-americana em relação a cânones produzidos alhures – nomeadamente nos países de economia central do sistema capitalista mundial.[2] Segundo

---

[2] Por certo que a Europa desde sempre teve a América Latina como uma grande área de influência, inclusive intelectual. Porém essa influência notoriamente foi suplantada pela ascendência norte-americana na região desde a II Guerra Mundial. E essa ascendência não necessariamente se fez de maneira direta. Vale lembrar que a Europa foi destruída com a guerra, e sua reconstrução beneficiou-se não apenas dos dólares americanos ali canalizados pelo Plano Marshall, mas também da chegada maciça dos historiadores e cientistas sociais americanos (com suas teorias) aos novos centros de pesquisa que então surgem por todo canto, sob os auspícios da Unesco. Lembra François Dosse (1992:105 e segs.) que, se em 1955 a França não tinha mais que 20 centros de pesquisas em ciências sociais, uma década mais tarde já contava com mais de 300. Seria um instigante objeto de investigação o estudo do "intercâmbio" de ideias entre a *intelligentsia* europeia e a norte-americana. Basta lembrar, por exemplo, que o pós-modernismo foi destilado e ganhou corpo na América do Norte, com autores como Haydn White, mas suas bases teóricas eram eminentemente francesas: Barthes, Derrida, Deleuze, Lacan, Foucault.

John Johnson (1985:757 e segs.), o desenvolvimento realmente significativo na escrita da história moderna da América Latina nos Estados Unidos desde os anos 1960 tinha como marca distintiva o envolvimento dos investigadores com um leque mais amplo de novas questões que incidem diretamente na vida cotidiana de homens e mulheres. Entre essas novas questões estariam a história urbana, o crescente interesse pela história dos "despossuídos", a *black experience* (e as questões de raça) e a escravidão (em novas abordagens de tipo microanálise), a história social do trabalho e, particularmente, o crescimento dramático da história das mulheres ("um tema praticamente inexistente enquanto tópico de pesquisa antes dos anos 1970"). Outros temas viriam a conquistar relevante espaço acadêmico posteriormente à análise de Johnson, como, por exemplo, os estudos sobre a sexualidade (*gays* e lésbicas) e as questões ambientais (Skidmore, 1998:113 e segs.; Eakin, 1998:550-561).

Ao referir-se à segunda geração de latino-americanistas de seu país, alcunhados de "radicais", o historiador norte-americano Thomas Skidmore (1998:113) atribui sua importância ao fato de que essa geração ajudou a sacudir o *establishment* intelectual nos Estados Unidos ao pôr em evidência a história dos sujeitos excluídos (pela historiografia oficial) da história: escravos, índios, a população rural, os trabalhadores urbanos, os fora-da-lei e as mulheres. A entrada desses novos "objetos" – ou melhor, desses novos sujeitos, fora do círculo das elites – levou inevitavelmente a uma sofisticação metodológica ao demandar novos tratamentos para novos tipos de fontes. Essa segunda geração de latino-americanistas teria sido "radical", para Skidmore, não no sentido político, mas porque ofereceu uma alternativa à escrita da história centrada nas elites que então imperava. Salvo raras exceções a confirmar a regra, como Gonzáles (1973), essa mudança de foco aconteceu com cerca de duas décadas de atraso nas historiografias latino-americanas.

Em estudo mais recente, Marshall Eakin (1998) pôde confirmar as predições anteriores. A tendência geral por ele verificada na historiografia norte-americana sobre América Latina pode, com alguma tolerância, ser extrapolada para a evolução da historiografia latino-americana no mesmo período. Segundo Eakin, pode-se dizer que nos anos 1980 imperou a história social, e nos anos 1990, a "nova" história cultural, tendo-se renovado o estudo de grupos não-elites, como escravos, mulheres, índios, trabalhadores e camponeses. A influência do pós-modernismo, o chamado *linguistic turn* e os estudos póscoloniais com foco nos grupos subalternos surgiram como abordagens preponderantes.

De resto, os novos temas presentes nos estudos sobre a América Latina, derivados de imperativos contemporâneos ligados a atitudes e interesses políticos e sociais, ao que hoje se denomina "politicamente correto", refletem os anseios e demandas da cultura do pesquisador (estrangeiro), e não necessária ou prioritariamente os do povo pesquisado. A recepção inconteste de cânones e problemas exportados pela forte comunidade acadêmica norte-americana sugere a progressiva imposição de valores da social-democracia liberal que os Estados Unidos exportam para o mundo, a altos custos, como vimos na década de 1960 na América Latina – e hoje dramaticamente no Oriente Médio. Há 30 anos, Magnus Morner constatava com reserva essa assintonia verificada na colagem de temas de pesquisa caros às comunidades intelectuais de países de economia central às histórias e culturas ditas "periféricas", assintonia que já se nota na própria escolha de um tópico de pesquisa para uma tese acadêmica. Observando a eleição de temas em função de interesses claramente políticos e imediatistas, como a onda de estudos sobre o militarismo latino-americano por parte dos historiadores norte-americanos durante os anos 1960, Morner predizia com muito discernimento o que poderia vir a ser estudado no futuro. O súbito e vertiginoso crescimento de estudos sobre escravidão na América Latina por pesquisadores norte-americanos, um campo virgem até a década de 1960, foi praticamente um eco do movimento por direitos civis – e, posteriormente, da *affirmative action* – nos Estados Unidos, onde o Jim Crow[3] permanece uma ferida aberta. Mas, como lucidamente ponderava Morner, se tais objetivos são nobres e é mesmo desejável o envolvimento dos estudantes com seus temas, esse tipo de motivação – embora possivelmente relevante para os americanos ou para os especialistas estrangeiros em geral – facilmente se tornará etnocêntrica, anacrônica e irrelevante para o país ou a região estudados. Morner ponderava ser natural prestar mais atenção às preocupações e interesses dos próprios latino-americanos...

Sem entrar no mérito do valor intrínseco daquelas temáticas, cada uma delas altamente pertinente e relevante, desejo aqui apenas destacar o fato de que chegaram à América Latina "vindas de fora", como problemáticas urgentes, típicas de sociedades liberais desenvolvidas que não já têm as mesmas questões estruturais para resolver, como, por exemplo, aquelas

---

[3] As Leis de *Jim Crow* constituíram, a partir de 1876, a base legal da discriminação contra negros nos estados sulistas, proibindo até mesmo um estudante passar um livro escolar a outro que não fosse da mesma "raça". No Alabama, nenhum hospital podia contratar uma enfermeira branca se nele estivesse sendo tratado um negro. As estações de ônibus tinham de ter salas de espera e guichês de bilhetes separados. Os ônibus tinham assentos também separados. E os restaurantes deveriam providenciar separações de pelo menos sete pés de altura para negros e brancos. Essas Leis de Jim Crow eram distintas dos Black Codes (1800-66), que restringiam as liberdades e direitos civis dos afro-americanos. A segregação escolar patrocinada pelo Estado foi declarada inconstitucional pela Suprema Corte em 1954 no caso Brown v. Board of Education. Todas as outras Leis de Jim Crow foram revogadas pelo Civil Rights Act de 1964 (ver Ayers, 1992; e Barnes, 1983).

que caracterizam a totalidade das nações latino-americanas em virtude de circunstâncias históricas que as chamadas "teorias da dependência" começaram a denunciar e estudar na década de 1960, *vis-à-vis* as relações econômicas assimétricas com as economias centrais e as consequentes formas injustas de inserção dessas mesmas nações no mercado mundial como exportadoras de matéria-prima e importadoras de produtos industrializados e tecnologia. Dessas condições decorrem problemas estruturais ligados a questões como a histórica concentração da propriedade da terra, a constituição de elites políticas e econômicas hegemônicas que se perpetuam no poder, e a crônica má distribuição de renda, resultando em baixos níveis de educação, saúde e habitação precárias, dificuldades de acesso ao trabalho e ao conhecimento, enfim, diferentes modos de exclusão social para a imensa maioria da população latino-americana. Essas questões estruturais acabam sendo negligenciadas em favor de outros tópicos que têm maior penetração de mídia e oferecem maiores chances de desenvolvimento institucional, como acesso a bolsas de estudo e *status* acadêmico.

Assim, os conflitos que amiúde pautaram as relações entre acadêmicos do Norte e do Sul não foram apenas resultado de "mal-entendidos" de ambas as partes. Em um balanço sobre o estado das ciências sociais na América Latina, Manuel Diegues Jr. (1967:3-5) já enunciava com propriedade o problema decorrente das trocas acadêmicas entre Estados Unidos e América Latina, o qual em muitos aspectos perdura até hoje. Referia, então, como especialistas americanos, imbuídos das melhores intenções e senhores das melhores metodologias e técnicas de pesquisa, tentavam aplicar seus modelos à realidade latino-americana; mas ressalvava que seus problemas e temas, por via de regra, não seriam aqueles que interessavam diretamente aos próprios latino-americanos. Na mesma obra de balanço, o sociólogo Florestan Fernandes (1967:19) posicionava-se ainda mais severamente. Dizia, já àquela altura, que os norte-americanos vinham com uma *agenda* própria e que, ao fim e ao cabo, tinham pouco interesse no objeto de sua pesquisa.

Não se trata aqui apenas daquilo que Octávio Ianni (1983) entendeu como "parte do processo de expansão do capitalismo no Terceiro Mundo" — estratégias maquiavélicas desenhadas sobre a mesa por *businessmen* e *police-makers* no intuito de exportar o modelo econômico capitalista e o modelo da social democracia pelo mundo; ou, em particular, um "imperialismo intelectual" que contribui para subjugar a América Latina aos interesses políticos e econômicos dos Estados Unidos e das corporações multinacionais, já que a produção acadêmica daquele país parecia ser tendenciosa a favor do capitalismo e da propagação do modelo de democracia norte-americana pelo mundo. Talvez essa análise fosse até apropriada para o que se passou até a década de 1960, no auge da Guerra Fria. Mas hoje, após 1989, entender o fenômeno apenas como "a expansão do capitalismo no Terceiro Mundo" é simplório demais, porque maniqueísta, uma análise de alcance muito limitado. Essa imposição de uma agenda de valores e princípios caros ao modelo de democracia liberal praticado em sociedades de capitalismo central nos dias atuais é um desdobramento da chamada "globalização", em si um conceito amorfo, carregado de implicações ideológicas e posicionamentos políticos, e que se poderia rapidamente definir como a época em que o capitalismo se livrou das peias nacionais. O problema do intercâmbio acadêmico Norte-Sul guarda elementos muito mais complexos do que a competição acadêmica ou a "importação/exportação" de modelos metodológicos. A universalização do conhecimento é fato inegável do nosso tempo, e métodos e técnicas trafegam pelo mundo afora. A questão é anterior e posterior ao método: refere-se, antes dele, à definição das problemáticas (em uma palavra, à definição da *agenda*); e, depois, à formulação de teorias que possibilitem a adequada interpretação dos resultados de pesquisa.

Antes de observarmos a trajetória da historiografia latino-americana nas décadas de 1970 a 1990, cumpre refletir sobre a presença nela do marxismo como um aparato teórico e ao mesmo tempo ideológico que nutriu o debate dentro das ciências sociais e da história ao longo do período em foco – e que se constituiu na maior referência de renovação historiográfica na região, a par da ascendência intelectual dos *Annales* em nossa historiografia.

Marxismo e historiografia latino-americana

Na longa introdução a uma coletânea sobre o marxismo na América Latina, o historiador Michael Lowy (1992) divide a história do marxismo latino-americano em três grandes períodos. O primeiro se estende de 1920 a 1935, quando os marxistas tendiam a enfatizar o socialismo e o anti-imperialismo. O segundo, dominado pelo stalinismo, começa em meados dos anos 1930 e vai até 1959. Durante a maior parte desse período, a ascendência soviética fazia definir a revolução por estágios, situando-se a América Latina na fase nacional-democrática. Lowy observa que, não obstante o dogmatismo stalinista, algum pensamento científico marxista mais flexível brotou na região durante o período. A terceira fase começa com a revolução cubana e inclui correntes radicais inspiradas em Ernesto "Che" Guevara, as quais visavam a alcançar o socialismo por meio da luta armada. Na referida introdução esclarece-se, ainda, como os pensamentos trotiskista, castrista e maoísta desafiaram, na região, o dogma do pensamento tradicional orientado pelas diretrizes soviéticas executadas em cada parte pelos partidos comunistas.

De modo geral, poder-se-ia tomar essa periodização para fins de balizamento cronológico do marxismo na América Latina. Cabe ressalvar, porém, que o marxismo esteve presente em todas as frentes do pensamento humanístico e nas ciências sociais na região, praticamente determinando a pauta dessas áreas: na filosofia, na sociologia, na ciência política, na antropologia, na linguística e na historiografia. Por isso, não caberá neste breve ensaio sequer mapear as polêmicas que marcam o itinerário das demais ciências sociais na América Latina no período em tela, mas apenas esboçar os desenvolvimentos do marxismo dentro da historiografia.

Talvez o maior dos grandes paradigmas historiográficos contemporâneos, o marxismo floresceu na América Latina na segunda metade do século XX, alterando profundamente o percurso da historiografia que então se praticava na região. Com sua difusão, populariza-se uma nova modalidade de escrita histórica de caráter estrutural, científica e objetiva que, superando a narrativa linear dos grandes indivíduos e fatos históricos, ambiciona oferecer uma visão global da formação histórica dos povos latino-americanos, com ênfase em sua dimensão econômica e social.

Claro que o marxismo chega muito antes à América Latina, e a ele se podem atribuir as primeiras grandes aventuras intelectuais de compreensão da realidade social e histórica do continente, como aquelas empreendidas por figuras como o argentino Anibal Ponce (1890-1938) e o peruano José Carlos Mariátegui (1894-1930). Como praticamente a totalidade dos pensadores da primeira metade do século, esses pioneiros marxistas latino-americanos, mesmo não sendo historiadores *avant la letre*, procuravam compreender a realidade latino-americana em uma perspectiva histórica e marxista. Quanto ao primeiro, relevando-se seu apego excessivo, muitas vezes acrítico, às teses racistas de Sarmiento, há que destacar suas avaliações históricas pautadas na análise global dos efeitos que a penetração do capital estrangeiro e as disputas imperialistas exerceram sobre a sociedade latino-americana. Essa linha interpretativa da evolução social e econômica dos países latino-americanos após sua emancipação política se converterá num verdadeiro modelo para toda a historiografia marxista posterior (Marinello, 1975:14; Vilaboy, 2007).

Os *Siete ensayos de interpretación de la realidad peruana*, de Carlos Mariátegui, são um verdadeiro ícone dessa historiografia marxista heróica da primeira metade do século XX e testemunha o caráter eclético dessa geração. Embora se autodenominasse marxista e socialista, Mariátegui era basicamente um economista político e um antropólogo cultural. Na realidade, os *Ensayos* são um tratado acadêmico sobre o desenvolvimento do Peru na economia, sociologia, educação, religião, governo e literatura. A questão central que Mariátegui enfrenta é a clássica busca de uma explicação para a diferença dramática entre as colônias de Espanha e Inglaterra. Em resposta, Mariátegui fornece um exame da bagagem cultural do povo peruano. O Peru torna-se seu microcosmo para analisar a política colonial espanhola. Ao explicar o Peru, ele também explica a influência da Reforma, do capitalismo, da industrialização e da propriedade da terra nos desenvolvimentos diversos da América do Norte e do Sul. Em resumo, ele fornece uma chave para se entender por que o Peru não desenvolveu uma forte classe média, como o Brasil, a Argentina e o Chile, nem experimentou uma revolução social, como o México ou a Bolívia, e por que, por tanto tempo, foi controlado por uma aristocracia militar e fundiária, mantendo um sistema econômico extrativista e uma estrutura social rigidamente estratificada, com grande parte de sua população composta de analfabetos, miseráveis, doentes, viciados, enfim, de excluídos da vida nacional. Uma das preocupações centrais dos *Ensayos* são as consequências de uma sociedade baseada na escravidão. De acordo com Mariátegui, a escravização dos índios pelos conquistadores e seus descendentes levou à economia da *plantation*. Esta inibiu a difusão da pequena propriedade rural. Sem os valores de uma classe média, o Peru não chegou a desenvolver um governo democrático, um capitalismo mercantil próspero ou um sistema educacional eficiente (Mariátegui, 1979. Ver também Vilaboy (2007) e Vanden (1986)).

Porém, a rigor, as primeiras obras dedicadas à historia latino-americana propriamente dita, elaboradas com um referencial marxista, não surgem senão no início dos anos 1930, com *La lucha de clases a través de la historia de México* (1932), do historiador mexicano Rafael Ramos Pedrueza (1897-1943), e *Evolução política do Brasil – ensaio de interpretação materialista* (1933), do brasileiro Caio Prado Júnior (1907-1990), autores que podem ser considerados verdadeiros iniciadores da historiografia marxista no Continente. A historiografia marxista no México teve outros expoentes importantes como Alfonso Teja Zabre (1888-1962), Miguel Othón de Mendizábal (1890-1945), José Mancisidor (1894-1956), Luis Chávez Orozco (1901-1966), José C. Valadés (1901-1976), Agustín Cué Cánovas (1913-1971) e Armando y Germán Lizt Arzubide. Mas foi a partir das obras pioneiras de Ramos Pedrueza e Caio Prado Júnior que verdadeiramente se iniciaram as primeiras análises históricas de países latino-americanos; análises focadas na estrutura socioeconômica e na luta de classes, inaugurando-se aí uma discreta produção historiográfica marxista de autores latino-americanos – em sua maioria vinculados aos partidos comunistas – que, em grande parte do continente, praticamente não teve representantes (Vilaboy, 2007; Matute, 1974:13-14; Huerta et al., 1979).

Nas décadas de 1950 e 1960, o historiador marxista mais importante, ao lado de Caio Prado Júnior, talvez tenha sido o argentino Sergio Bagú, cujos trabalhos são verdadeiros marcos na discussão sobre a colonização da América Latina. Depois de seus primeiros estudos biográficos, suas teses mais famosas contra a ideia do feudalismo na América Latina surgiram em obras como *Economía de la sociedad colonial* (1949) e *Estructura social de la colonia* (1952), ambos com o subtítulo de "Ensayo de historia comparada en América Latina".[4] Nessas obras, baseado em uma análise meticulosa da estrutura socioeconômica latino-americana, Bagú defende a existência de um capitalismo colonial, ante a interpretação tradicional, acatada então por praticamente toda a historiografia marxista, de um regime feudal dominante no império colonial espanhol. Estabelece clara distinção entre o modelo histórico do modo de produção capitalista e o capitalismo como sistema econômico mundial. Suas teses inovadoras guardam o embrião do que anos mais tarde viriam a ser as teorias da dependência e do subdesenvolvimento como condição do desenvolvimento capitalista, posteriormente retomadas nos anos 1970 pela sociologia "dependentista" latino-americana (Bielschowsky, 2000; Lora, 1999; Rodriguez, 1981).

Toda a rica história social e econômica praticada na América Latina entre finais dos anos 1970 até a década de 1990 foi alicerçada, em maior ou menor escala, nos suportes teóricos e metodológicos da tradição marxista. Esta, por seu turno, não passou incólume às grandes transformações – às verdadeiras

---
[4] Outros textos importantes de Bagú são: *La batalla por la presidencia de Estados Unidos* (1948) e *"Transformaciones sociales en la América Hispana"*, ensaio publicado na revista mexicana *Cuadernos Americanos* em 1951 (ver Lowy, 1980).

"revoluções" — da sociedade e do conhecimento nos últimos 40 anos, cujos episódios simbólicos fortes são a revolução cultural de 1968 e a queda do muro de Berlim, em 1989. Com a virada cultural iniciada no final dos anos 1960 com as proposições iconoclastas dos pós-estruturalistas, que culminaram no receituário pansemiótico dos pós-modernos nos anos 1990, reduzindo o processo do conhecimento a um ato de comunicação, a uma troca simbólica, o marxismo se transforma e deixa de ser o grande quadro geral de interpretação da realidade para historiadores e cientistas sociais. Por isso, antes de entrar na análise da produção nos campos da história econômica e social, cabe inserir uma reflexão de fundo, sobre o motivo pelo qual essa importante tradição marxista ficou sensivelmente abalada no contexto intelectual do último quartel do século XX, de modo que hoje se defende até mesmo a necessidade de sua superação, tal como proclama o chamado "pós-marxismo".

As balizas para o entendimento desse fenômeno foram dadas acima e se confundem com a emergência do chamado pós-modernismo. Em 1990, Ronald Chilcote, editor da *Latin American Perspectives*, organizou um número da revista dedicado ao pós-marxismo e definiu as balizas do debate. A rigor, ele é contra as proposições de Ernesto Laclau, cientista político argentino que renegou a análise de classes e desqualificou o projeto socialista. Sumarizando as proposições do pensamento pós-marxista, encontramos as seguintes teses: a classe trabalhadora não avançou na direção de um movimento revolucionário; interesses econômicos de classe são relativamente autônomos da ideologia e da política; a classe trabalhadora não sustenta qualquer posição de base dentro do socialismo; uma força política pode formar-se fora de círculos políticos e ideológicos "populares", independentemente de vínculos classistas, de modo que forças feministas, ecológicas, pacifistas e outras se tornam efetivas em uma sociedade em mudança; um movimento socialista pode desenvolver-se independentemente de classe; os objetivos do socialismo transcendem os interesses de classe; e a luta pelo socialismo congrega uma pluralidade de resistências à desigualdade e à opressão (Chilcote, 1990; Woods, 1986).

De modo geral, as raízes do pensamento pós-marxista podem ser encontradas nos desenvolvimentos do eurocomunismo e do eurossocialismo dos anos 1970 e 1980 e refletem o pensamento que acompanhou o discurso político sobre a socialdemocracia e o socialismo democrático em países onde os partidos socialistas chegaram ao poder, como França, Itália, Espanha, Portugal e Grécia. Esse discurso centra-se na transição para o socialismo, na necessidade de blocos de forças políticas de centro-esquerda para garantir a maioria política num cenário multipartidário fragmentado, de reformas populares para atenuar as demandas das classes populares (trabalhadores e camponeses), e de tolerância para promover e desenvolver as forças produtivas no presente estágio de desenvolvimento capitalista. As realidades da política convencional parecem ter obscurecido a retórica revolucionária, de modo que termos como "luta de classes", "classe trabalhadora", "ditadura do proletariado" e mesmo "socialismo" e "marxismo" foram abolidos do diálogo das esquerdas. Pode-se afirmar que, de modo geral, o pós-marxismo chegou primeiro à esfera política (do poder e do Estado) e revela-se praticamente na ação dos governantes latino-americanos desde os anos 1990 até hoje, inclusive no caso do Brasil petista de Lula – basta lembrar que o PT aboliu o termo "socialismo" em favor de sua nova meta utópica: a democracia).

Ronaldo Munck (2000), editor da conceituada revista *Latin American Perspectives* e professor de sociologia política da

Universidade de Liverpool, apresenta de modo engajado as linhas gerais da emergência do pós-modernismo na América Latina. O ponto de partida é aceitação apodíctica do fim da era das teorias totalizantes e da busca por verdades fundacionais. Antes de entrar na análise da América Latina, Munck desfia seu rosário de credos pós-modernos, onde a figura de Lyotard é endeusada por ter inventado o pós-modernismo como o pensamento que afirma a total incredulidade nas metanarrativas. De Derrida ele toma emprestado o conceito de *logocentrismo*, referente à atitude moderna que impõe uma hierarquia dentro de oposições binárias acriticamente aceitas, tais como homem/mulher, moderno/tradicional, centro/periferia, o primeiro termo de cada uma delas sendo visto como pertencente ao reino do *logos* – uma presença pura, invariante, isenta da necessidade de qualquer explicação. De Foucault, retira o conceito de poder ubíquo e descentrado (Ver também Iggers (1997); Zagorin (1998)).

Munck se refere ao interesse crescente em se articular uma visão pós-moderna de desenvolvimento, a qual deverá refletir mais uma "crise da consciência da cultura europeia", que outra vez descobre que não é mais o inquestionável centro dominante do mundo. Porém os conceitos não mais se referem, dentro dos novos parâmetros pós-modernos, à realidade, e sim a meros discursos, estes sim os verdadeiros construtores do mundo. Não se trata apenas de dar mais atenção à linguagem do desenvolvimento e à desconstrução de seus pressupostos, mas haveria, inclusive, um movimento para "reinventar" o próprio sentido de "desenvolvimento". Este, de acordo com a crítica pós-moderna, seria uma arma ideológica cunhada na modernidade; o pós-modernismo deverá, então, levar inevitavelmente a um conceito de "pós-desenvolvimento". Nesse sentido, a falência das metanarrativas de desenvolvimento, modernização, dependência e revolução, implicaria a necessária desistência de respostas globais, já que só podem alcançar verdades parciais. O desencantamento político estaria levando inevitavelmente à fragmentação. Dentro dos debates latino-americanos, as palavras-chave são agora "*lo indeterminado, la problematización del centro, la discontinuidad, la simulación, y la precariedad*" (Munck, 2000, passim).

Os termos mais constantes no texto de Munck são linguagem, discurso, desconstrução, reinvenção, identidade, representação, hibridismo cultural, pluralismo, heterogeneidade. O argumento do autor é que se deve abandonar de vez qualquer tentativa de pensar a América Latina em uma abordagem globalizante, do ponto de vista de sua suposta totalidade, como entidade única, mas o enfoque deve ser direcionado a unidades culturais locais, independentes de qualquer referência de conjunto. O problema que vejo em se considerar a América Latina um recipiente de culturas locais, sem uma perspectiva holística (leia-se histórica), é justamente a perda da referência da totalidade na qual ela se insere, seja sincrônica, seja diacronicamente. Nessa perspectiva, será muito difícil explicar, por exemplo, tanto o processo de industrialização da região (que não passou por uma revolução industrial!) como a disseminação dos ícones da sociedade de consumo americana, da "sociedade do automóvel" aos *shopping centers*, da indústria cultural hollywoodiana ao McDonalds. Enfim, termos como imperialismo e colonialismo foram banidos dos "discursos pós-modernos" ou, quando muito, reduzidos a efeitos de linguagem. Se as grandes teorias até hoje elaboradas são eurocêntricas, o problema está no eurocentrismo, e não na teoria. Não se deve desistir de buscar aprimorá-la, seja a partir de uma referência marxista ou não.

Um dos marcos do surgimento do pós-modernismo no final da década de 1980 foi o proclamado "fim do marxismo", decretado a partir da queda do muro de Berlim e da dissolução da União Soviética. Foi das ruínas desse império que surgiu esse movimento bastante estranho que propõe recuperar alguns fragmentos de orientação marxista, a partir das novas doutrinas pós-modernas. Tal movimento se alcunhou "pós-marxismo". Atilio Boron (2000), professor de teoria política na Universidade de Buenos Aires, escreveu ensaio contundente desfiando as bases intelectuais do pós-marxismo e efetuando sua crítica. O interlocutor eleito, expoente do pós-marxismo, é mais uma vez Ernesto Laclau, cujo pensamento está ancorado em Wittgenstein, Lacan, Foucault e Derrida. Para esboçar o "programa" pós-marxista, Laclau parte da sempre reiterada "crise" do marxismo, a exigir uma revisão radical. Sobre a suposta "morte" do marxismo, que estaria a exigir sua definitiva superação (essa é a tese de Laclau e seu pós-marxismo), Boron afirma que o marxismo, enquanto corpo teórico, já demonstrou notável capacidade de sobreviver às atrocidades e à falência de regimes políticos e partidos fundados em seu nome. Além do mais, no campo da teoria social, observa-se que em anos recentes tem havido uma saudável retomada das ideias da tradição marxista, tanto na Europa ocidental como, em menor grau, na América Latina e Estados Unidos.[5]

A crítica a Laclau funda-se em seu argumento de que, como marxista, ele deseja conservar os melhores fragmentos da teoria marxista. Segundo Boron, essa seria uma atitude eminentemente positivista de se apropriar da realidade. Lucaks já havia indicado que o que caracteriza o marxismo, o que constitui sua contribuição mais original não é a primazia do

---
[5] G. Boron 2000:49-79. Sobre o resgate do marxismo no cenário da pós-modernidade, ver Santos (1995b).

econômico, como propagam os aduladores da vulgata, e sim a "perspectiva da totalidade", ou seja, a capacidade de reconstruir em teoria, na abstração do pensamento, a complexidade contraditória, dinâmica e multifacetada da realidade social. O pensamento fragmentado é incapaz de entender a realidade em sua totalidade: ele decompõe as partes e as hipostasia, como se fossem entidades autônomas e independentes. Portanto, Marx não está aí para ser "desconstruído" e para se extraírem de sua obra os melhores fragmentos. O pensamento de Marx é vertebrado na ideia de totalidade. Os pós-marxistas parecem não entender que toda essa operação intelectual repousa num pressuposto mecanicista insustentável: a ideia de que as teorias são meras coleções de peças e fragmentos que, como peças de dominó, podem ser recombinados *ad infinitum*.

Por ora, é importante guardar que durante os anos 1960 e 1970, muito antes do surgimento dos pós-marxismos, a análise marxista propriamente dita tornou-se uma alternativa vital e criativa, embora longe de ser hegemônica, para as principais correntes no campo dos estudos sociais e humanísticos do Ocidente desenvolvido. Ali, diferentemente do que se passava nas sociedades periféricas do sistema capitalista, como a América Latina, os pensadores marxistas tinham liberdade de pensamento e fontes abundantes de recursos para pesquisa. Essas condições favoráveis eram parte e consequência da posição histórica privilegiada das sociedades capitalistas desenvolvidas num sistema econômico mundial unificado. Correntes marxistas começaram a alimentar todos os ramos dos estudos históricos. Sua contribuição mais criativa e influente foi no campo da história social, particularmente nos estudos da cultura da classe operária, onde os trabalhos de E. P. Thompson, Eric J. Hobsbawn e seus outros colegas marxistas britânicos passaram a ser referência obrigatória. Esse marxismo, como veremos à frente, será a base da *história social* que se praticou desde os anos 1970 na América Latina (Bergquist, 1980; Kaye, 1984).

Ao lado do marxismo, o movimento historiográfico francês dos *Annales* contribuiu para a disseminação do mais frutífero e sofisticado modelo de história praticado na América Latina entre, *grosso modo*, as décadas de 1970 e 1990. Por certo, até hoje os historiadores formados nessa tradição — assim como na dos marxistas britânicos — continuam a praticar uma história inspirada nos ensinamentos desses dois discursos eminentemente críticos, que têm em comum o projeto de construir uma história fundada na formulação de problemas, a qual almeja, portanto, um *status* científico; uma história que tem como parâmetro teórico geral conceber a sociedade em seu devir e em sua totalidade, em uma palavra, a história global; por fim, uma história que, no nível problemático, privilegia o estudo das estruturas fundamentais da sociedade; portanto, uma história eminentemente econômica e social (Aguirre Rojas, 2000:137-180). Essa tradição que mistura os aportes dos *Annales* com os ensinamentos do marxismo mais arejado, não dogmático, rendeu o que de melhor se produziu nos últimos 30 anos na historiografia latino-americana nos campos da história econômica e da história social. Um mapeamento dessa produção será esboçado no capítulo a seguir.

Capítulo 1
Décadas de 1970 e 1980

História econômica e história social são campos historiográficos consolidados, com problemáticas, objetos, instrumental teórico, metodológico e técnico próprio. Porém, tanto na América Latina quanto, 30 ou 40 anos antes, na Europa, esses canteiros da história surgiram umbilicalmente ligados no esforço dos historiadores críticos para superar a então hegemônica história historizante ou metódica, dita "positivista". E embora ambas tenham avançado em seus próprios caminhos, os pontos de interseção são inúmeros. O mundo do trabalho talvez seja o mais emblemático desses pontos de cruzamento. A história econômica e a história social – ou aquilo que muitos insistem em chamar de história econômico-social – perscrutaram a escravidão, para percebê-la pelo prisma das estruturas econômicas e suas dinâmicas, mas também as relações familiares, sexuais, culturais e a resistência escrava. O operariado foi investigado como engrenagem a movimentar a máquina capitalista e o processo de industrialização, mas também aqui as identidades oriundas dos espaços de convivência, das comunidades, da fábrica, da resistência política são temas de investigação caros à historiografia latino-americana. De modo que hoje, olhando as últimas três décadas de produção histórica na região, podemos dizer que a história econômica e a história social foram os campos onde mais e melhor se avançou na historiografia da América Latina. O objetivo deste capítulo é delinear a trajetória dessas duas modalidades de escrita histórica, começando pela história econômica.

A história econômica

A história econômica antes da década de 1960

A história econômica latino-americana adquiriu muito de seu desenho e sua força na década de 1960, consagrando-se definitivamente na década de 1970. Mas é claro que ela não começou ali. Uma longa e venerável linhagem de historiadores econômicos se formaram no continente já desde a metade do século XIX. No Brasil, por exemplo, Alice Canabrava (1972) identifica em *Épocas de Portugal Econômico* (1928), de João Lúcio de Azevedo, um marco entre as grandes obras de síntese que inauguraram a historiografia econômica no país. A influência do mestre português é marcante nos trabalhos seminais que aqui fizeram escola: *História econômica do Brasil* (1937), de Roberto Simonsen; *Formação do Brasil contemporâneo* (1942), de Caio Prado Júnior; e *Formação econômica do Brasil* (1959), de Celso Furtado (Szmrecsányi, 2003).

Se perguntarmos a um historiador econômico colombiano quem foi o grande nome inspirador da área, é imensa a chance de que o primeiro a ser lembrado seja o de Luis Opinia Vásquez, autor que transformou os estudos de história econômica colombiana com seu *Industria y protección* (1955). Nesse livro,

Opinia Vasquez abordou a questão das tarifas e manufaturas, a política econômica, os ciclos de produtos de exportação e o comércio em geral. No seu longo capítulo final examinam-se os esparsos dados disponíveis sobre as tendências de longo prazo nos níveis de vida dos trabalhadores rurais da Colômbia, com informações e análises que cobrem desde o início do século XVIII até o fim do XIX. Tal obra definiu um padrão de excelência acadêmica que influenciou gerações de historiadores. Na Argentina, o mesmo papel talvez tenha sido cumprido por Luís Roque Gondra (1938, 1943), que produziu uma sólida síntese da história econômica daquele país, embora com muito mais destaque para o período colonial do que para o nacional. Nela se enfatizam as atividades agrícolas e pastoris e a questão monetária e financeira.

A década de 1930 esboça uma primeira mudança significativa na forma da escrita histórica no Chile, de uma história política tradicional para outra modalidade que valoriza mais as condições sociais e econômicas constitutivas da história. Autores como Alberto Edwards (1928), Alberto Cabero (1926), Carlos Keller (1933) e Daniel Martner (1923) são representantes deste novo impulso, embora ainda estivessem mais interessados em sumarizar tendências gerais e filosofar sobre elas do que em se lançar à grandes investidas em arquivos e empregar metodologias inovadoras. O mais arrojado deles talvez seja Daniel Martner, originariamente formado em direito, depois professor de finanças públicas na Universidade do Chile, tendo também servido como ministro da Fazenda durante o primeiro mandato do presidente Arturo Alessandri Palma (1868-1950) Depois de devotar um terço do primeiro volume de seu *Estudio* aos princípios fundamentais que determinaram a economia nacional e as bases sobre as quais ela repousa – propriedade, produção, preços, comércio, etc. –, Martner apresenta a evolução histórica do país, desde a independência até a época em que escreve. Na Argentina, os nomes de Juan Augustín Garcia, Juan Alvarez, Juan B. Justo e José Ingenieros destacam-se como precursores da história sócioeconômica do país no século XX (Cuccorese, 1975).

Não obstante a importância desses precursores, a historiografia econômica latino-americana experimentaria um crescimento vertiginoso, tanto qualitativamente como quantitativamente, no final da década de 1960, sob o impulso dos desdobramentos polêmicos da Comissão Econômica para a América Latina e Caribe – Cepal em torno das questões do desenvolvimentismo e das teorias da dependência.

Teorias da dependência

Na efervescente década de 1960, enquanto o Ocidente Industrial era varrido pelos ventos da revolução cultural que deitaria por terra, entre outras coisas, inúmeros postulados da concepção de conhecimento vigente, elaboravam-se na América Latina diversas versões da mais inovadora maneira de se conceber a história e a situação presente dessa parte do globo. Os historiadores americanos Charles Bergquist e Joseph Love refizeram o itinerário das chamadas teorias da dependência, que começaram a se formular na Cepal na década de 1950, sob a batuta de seu diretor, o economista argentino Raul Prebisch. A tese, de resto nem tão inovadora, era que os termos do comércio internacional durante o século XX eram prejudiciais às nações exportadoras de produtos primários da "periferia" para o centro do sistema econômico mundial, consequentemente, a solução para o problema do desenvolvimento da região estava no compromisso dos governos com aquilo que a Cepal chamou de "industrialização para substituição das importações". A tese do "desenvolvimentismo", que situava todos os países em momentos diferentes de uma inelutável linha evolutiva como subdesenvolvidos, em desenvolvimento ou desenvolvidos, era o esteio dos economistas liberais na época do pós-II Guerra Mundial. Ela se apoiava em três pressupostos que se tornariam fundamentais para o novo paradigma: primeiro, o mundo estava dividido em nações centrais desenvolvidas e nações periféricas subdesenvolvidas; segundo, ambas as categorias de nações estavam ligadas dentro de um sistema econômico mundial, de tal modo que desenvolvimento e subdesenvolvimento eram fenômenos indissociáveis; finalmente, as relações de comércio no sistema mundial operavam em detrimento das nações subdesenvolvidas.

Porém, de modo geral, não se pode superestimar qualquer viés radical na análise da Cepal, já que seus economistas, durante os anos 1950, permaneceram trabalhando dentro de um paradigma econômico estritamente liberal. Deste modo as suas sugestões para promover o desenvolvimento/industrialização das regiões periféricas por meio da substituição de importações eram completamente harmônicas com as tendências da época, ou seja, o estabelecimento, na região, de filiais de corporações multinacionais originariamente instaladas nos Estados Unidos.

A mudança radical de perspectiva ocorre nos conturbados anos de 1960. A política promotora da industrialização por meio da substituição de importações em países extremamente dependentes da exportação de bens primários mostrou-se, ao fim e ao cabo, um engodo e apenas agravou os problemas crônicos na balança de pagamentos e a desigualdade social. Isso levou alguns economistas desenvolvimentistas e cientistas sociais a questionarem energicamente o processo de industrialização na América Latina.

Esse quadro nefasto foi diagnosticado por arrojados economistas e cientistas sociais latino-americanos, e também norte-americanos, que passaram a contestar radicalmente a teoria econômica liberal convencional como algo inaplicável às condições da América Latina. Levantaram questões estruturais, como os modelos de propriedade da terra, os efeitos das economias exportadoras e o papel do capital estrangeiro, com isso, esses pensadores chegaram a explicações extraeconômicas e históricas dos problemas de desenvolvimento da região.

Não será o caso de observar todas as sutilezas de enfoque das múltiplas vertentes e autores que formularam as diversas versões, com nuanças interpretativas variadas, das teorias da dependência, das quais os trabalhos mais conhecidos e influentes foram os do economista chileno Osvaldo Sunkel (1970), do economista brasileiro Celso Furtado (1970), do sociólogo brasileiro Fernando Henrique Cardoso em colaboração com o historiador chileno Enzo Falleto (1969), e do economista norte-americano André Gunder Frank (1967).[6]

A despeito de todos os problemas justamente levantados e criticados por uma legião de intelectuais, as análises baseadas na teoria da dependência foram o ponto culminante de um genuíno pensamento formulado na América Latina para explicar sua história e situação presente. As críticas mais con-

---

[6] G. Sunkel 1970, Furtado 1970, Cardoso & Falleto 1969, Guirde Frank 1967. Por ocasião da recente celebração dos 50 anos da Cepal, Bielschowsky (2000) organizou uma coletânea de alguns dos mais representativos textos publicados pela Cepal, entre os quais se destacam trabalhos de Fernando Henrique Cardoso, Celso Furtado, Maria da Conceição Tavares e Raúl Prebisch. Bielschowsky sistematizou a edição baseando-se em quatro vertentes analíticas: o enfoque histórico-estruturalista, calcado nas relações entre "centro e periferia"; a análise da inserção internacional; a análise dos condicionantes estruturais internos; e a análise das possibilidades de ação estatal. Também foram identificadas cinco fases no pensamento da Cepal que demonstram a evolução histórica da região: os anos 1950 foram marcados pela industrialização; a década seguinte, pelas reformas destinadas a eliminar os obstáculos à industrialização; os anos 1970, pela reorientação dos estilos de desenvolvimento; os anos 1980, pela superação do endividamento externo via ajuste com crescimento; e os anos 1990, pela agenda de "transformação produtiva com equidade". Sobre o pensamento econômico da Cepal, ver Lora e Mallorquín (1999); Love (1996); e Rodriguez (1981).

tundentes às teorias da dependência reclamam de seu caráter eminentemente ensaístico; por outro lado, à exceção de uns poucos trabalhos importantes, como os de Stanley e Barbara Stein (EUA), Carlos Sempat Assadourian, Marcelo Carmagnani e Tulio Halperin-Donghi, aquelas teses não lograram influenciar profunda e duradouramente a historiografia latino-americana (Halperin-Donghi, 1982:115). Seu potencial foi praticamente esvaziado pelo impacto cultural bombástico de maio de 1968, abortando as possibilidades de avanço dentro dessa linha de evolução intelectual e matando no berço o "novo paradigma" antes que ele pudesse desenvolver toda sua carga crítica e criativa dentro dos estudos históricos – e mesmo dentro das ciências sociais como um todo. Tal fenômeno se explica pelo fato de que as teorias da dependência surgiram nos anos 1960, quando se deu a implosão dos paradigmas nas ciências sociais com o advento do pós-estruturalismo, que resultaria no "pós-modernismo" dos anos 1980 e 1990, o qual, por sua vez, decretaria a falência das macroteorias e macronarrativas. Assim, no contexto da fragmentação da situação de transição paradigmática em que ainda nos encontramos, a utilidade e validade de uma teoria "macro" social e histórica – como as teorias da dependência – perderam o interesse e o sentido para o *establishment* acadêmico.

Sob o impulso da revolução cubana, as teorias da dependência eclodiram nos anos 1960, adquirindo em grande parte da América Latina um viés de resistência ao imperialismo norte-americano, não necessariamente presente em suas primeiras formulações. Se nem todas elas eram baseadas exclusivamente em aportes marxistas, o marxismo ofereceu instrumentos de análise importantes para seu florescimento. Num momento em que irrompem inúmeras ditaduras militares por todo o território latino-americano, o marxismo oferece também suporte ideológico para alimentar a resistência. Quando as teorias da dependência perdem seu impulso, por volta de meados da década de 1970, a história econômica e social que viria a ocupar o seu lugar como vertente de renovação, passa a constituir-se desta mescla de marxismo com os ensinamentos da escola francesa dos *Annales*.

A história econômica latino-americana na década de 1970

No final da década de 1970, o historiador mexicano Enrique Florescano (1978:183 e segs.) fez um balanço das atividades da Comissão de História Econômica do Conselho Latino-americano de Ciências Sociais — Clacso. Este conselho havia realizado três grandes simpósios desde sua criação: Lima (1970), Roma (1972) e Cidade do México (1974). Era o auge do *boom* da história econômica na América Latina. Florescano quantificava então todos os dados relativos àqueles eventos, que envolveram mais de duas centenas de participantes e geraram importantes obras.[7] Segundo ele, em 1969 a história econômica era ainda incipiente, seus poucos praticantes na América Latina trabalhavam isoladamente, enfrentavam incompreensões e dificuldades institucionais, careciam de informação e impulso para seu trabalho e dependiam, "na definição e concepção de suas investigações, das orientações teóricas, metodológicas e temáticas geradas fora de sua região". Porém, já em 1978 o quadro era totalmente inverso, com a disciplina gozando de grande vitalidade e prestígio institucional. Toda essa renovação viera "de fora", com a

---
[7] Por exemplo, *Perspectivas de la historia económica quantitativa en América Latina* (1970); *La historia económica en América Latina: desarollo, situación, métodos y bibliografia* (1972); *Haciendas, latifundios y plantaciones en America Latina* (1975); *Fuentes para la historia demográfica de América Latina* (1975). Ciro Cardoso e Hector Pérez Brignoli publicaram na Colección Sep/Setentas três importantes antologias sobre a história econômica e social: *Tendências actuales de la historia demografica y social* (1976); *Historia económica y quantificación* (1976); e *Perspectivas de la historiografia contemporânea* (1976).

adaptação de abordagens e metodologias estrangeiras, tal como praticadas pelos *Annales*, o grupo da New Economic History, o grupo polonês sob liderança de Witold Kula e a historiografia econômica marxista. A Comissão de História Econômica do Clacso desempenhou importante papel nesse impulso da disciplina, ao promover a difusão crítica dessas vertentes entre os historiadores latino-americanos.

O primeiro *Cuaderno* da Comissão surgiu em 1970 sob a égide quantitativista, a qual experimentou um crescimento vertiginoso entre 1970 e 1980. Nos simpósios da entidade, os primeiros temas abordados foram *haciendas, latifundios y plantaciones*, focalizando aspectos até então menos estudados (os mecanismos econômicos que os regiam: produção, mercado, consumo; preço, salário e capital). O segundo *cuaderno* dedicou-se aos debates sobre demografia histórica, e no terceiro o eixo foi o impacto do setor externo nas economias da região (estruturas internas e formas de dependência). A história das técnicas e da tecnologia também foi tema de interesse, assim como as lutas populares. Com o apoio do Social Science Research Council, o Clacso fez publicar importantes instrumentos de pesquisa, como bibliografias, dados estatísticos e informações qualitativas, que serviram de base para estudos subsequentes (Florescano, 1972; Klein, 2006).

Todo este impulso verificado no campo da história econômica nos anos 1970 teve precedentes importantíssimos na década anterior. Álvaro Iara (1969), um dos criadores da Comissão de História Econômica do Clacso, publicou um conjunto de ensaios apresentados na 8ª seção do IV International Congress of Economic History (Bloomington, Indiana 1968). Nesse importante congresso reuniram-se alguns dos mais proeminentes historiadores econômicos da época, que fomentariam a disciplina nos anos posteriores. Ali se discutiram os seguintes temas, que vieram a constituir os capítulos do livro organizado por Iara: fronteira agrícola do vice-reinado do Peru no século XVI (Rolando Mellage); colonização, ocupação do solo e fronteira na Nova Espanha, de 1521 a 1750 (Enrique Florescano); expansão da fronteira desde Buenos Aires, de 1810 a 1852 (Túlio Halperin-Donghi); colonização agrícola na província argentina de Santa Fé, de 1870 a 1895 (Ezequiel Gallo); exploração intensiva da terra na Argentina, de 1890 a 1910 (Roberto Cortés Condes); política agrária na Venezuela no século XIX (Germán Carrera Damas). Na introdução, Álvaro Iara discorre sobre ocupação, população e fronteira, apresentando as questões gerais abordadas nos ensaios subsequentes.

Mas o verdadeiro divisor de águas no campo da história econômica latino-americana na década de 1960 foi obra do cubano Manuel Moreno Fraginals. *O engenho* (1964) demonstra como a expansão europeia no Caribe desde a conquista fora apoiada no tripé indústria açucareira, população negra e complexo da *plantation*. Este tripé perdurou por quase cinco séculos, criando um longo debate sobre a importância da excessiva dependência local em relação à produção de açúcar, o impacto econômico e social de todo o complexo de *plantation*. O livro de Moreno Fraginals definiu as principais linhas de pesquisa e pontos do debate sobre a economia colonial. Examina as formas do processo produtivo, o comércio escravo, a coexistência do trabalho escravo com o assalariado, a presença da inusitada figura do escravo por contrato, as condições de trabalho e as relações entre tecnologia e trabalho. Um dos destaques do livro, como o é, igualmente, a perspicácia da abordagem global adotada pelo autor ao inserir Cuba num amplo cenário internacional. Essa obra de grande envergadura suscitou muita controvérsia e até hoje serve de referência para os estudiosos da escravidão, da economia e sociedades coloniais na América Latina.

A força da história econômica nos anos 1970 pode ser aferida por um índice mais sutil. Em 1976, Ciro Cardoso e Héctor Perez Brignoli publicaram um dos mais conhecidos manuais de introdução à pesquisa histórica da América Latina, traduzido e várias vezes reeditado no Brasil a partir de 1978. *Los métodos de la historia*, livro que ajudou a formar sucessivas gerações de historiadores, tinha o duplo escopo de refutar o marxismo althusseriano, ainda em voga, e divulgar o instrumental teórico-metodológico da "história ciência social", a saber: a história econômica, a história social e a história demográfica. Por ser um manual, incluía também dois capítulos introdutórios sobre tendências recentes da história, especialmente a quantitativa; um terceiro sobre os méritos e problemas da historiografia marxista; e dois capítulos finais sobre história comparativa e síntese histórica, seguidos de sete apêndices. Os autores procuravam aplicar (ou mostrar como aplicar) ao caso da América Latina as técnicas e métodos usados por franceses, ingleses e norte-americanos (Ver também Cortés Conde (2006); e Perez Brignoli (2006)).

No capítulo sobre "*Conceptos, métodos y técnicas de la historia económica*", depois de explorarem o "vocabulário básico" desse campo, onde se destacam conceitos como estrutura, conjuntura, crescimento, macro e microeconomia, os autores examinam os tipos de flutuações econômicas e suas principais explicações, para só então abordarem o problema da quantificação e estatística na história: os tipos de fontes seriáveis, as representações e análises das flutuações econômicas, as técnicas de amostragem etc. A esse capítulo os autores agregam um outro sobre "*Problemática de la historia económica de América Latina*", onde apontam para várias áreas inexploradas ou pouco exploradas do campo historiográfico, tanto para o período colonial como para a época independente.[8]

Se a produção historiográfica fosse esquematizada por campos temáticos, a partir da clássica periodização cronológica, poder-se-ia chegar ao seguinte mapa do temário abordado pela história econômica nas últimas três décadas:

- *período colonial*: indústria açucareira, escravidão, *plantation*, latifúndio;
- *período nacional*: economia de exportação de bens primários, urbanização, estradas de ferro, transição da mão-de-obra escrava para a assalariada;
- *século XX*: industrialização, movimento operário, sistema financeiro internacional.

À guisa de exemplo, vamos evocar a seguir alguns títulos que ilustram toda essa produção. A história das relações financeiras entre países, do crédito, das empresas e do pensamento econômico tem sido objeto de maior interesse para os economistas do que para os historiadores propriamente ditos. Uma louvável exceção à regra é o trabalho do mexicano Carlos Marichal (1986, 1989, 1995), autor de vários livros importantes sobre a dívida externa na América Latina, a globalização e a história dos impostos e das empresas no México.

---

[8] Cardoso e Vainfas (1997) organizaram uma coletânea de ensaios em que procuram dar conta do "estado da arte" no campo da historiografia contemporânea. É interessante notar a vertiginosa expansão da área do conhecimento histórico. A primeira parte apresenta um mapeamento dos grandes campos da história: a econômica, a social, a política, a das ideias, a das mentalidades e a cultural. Na segunda são focalizados temas mais específicos, como história agrária, história urbana, história das paisagens, história empresarial, história da família e demografia histórica, história do cotidiano e da vida privada, história das mulheres, história e sexualidade, história e etnia, história das religiões e religiosidades. Na terceira parte, fornecem exemplos de modelos teóricos e novos instrumentos metodológicos: história e modelos; história e análise de textos; história e imagem; história e informática: o uso do computador.

Um dos campos que mais impulsionaram a historiografia econômica na América Latina foi o da economia colonial. Autores como Moreno Fraginals, Carlos Sempat Assadourian (1973), Ciro Flamarion Cardoso e Héctor Perez Brignoli (1983), Marcello Carmagnani (2001), Enrique Tandeter, Enrique Florescano (1969) e João Luís Fragoso (1992), entre inúmeros outros historiadores importantes, trouxeram contribuições decisivas para o campo (Cortés Conde e Stein, 1979; Cortés Conde 2006). Tandeter, em colaboração com Lyman Johnson (1990), congregou autores de várias nacionalidades, latino-americanos ou não, para organizar uma coletânea ricamente apoiada em quadros, tabelas e gráficos, visando não só ampliar o conhecimento dos problemas e métodos na área da história dos preços no contexto latino-americano, mas também oferecer um contraponto em relação às tendências desenvolvidas na historiografia europeia. A história dos preços, dada a natureza complexa e ambígua das fontes materiais nela empregadas, ainda é relativamente pouco explorada na América Latina. O livro de Tandeter e Johnson se constitui igualmente num importante exercício em história econômica comparada.

Enrique Florescano (1969), autor do clássico estudo sobre as variações no preço do milho e as crises agrícolas entre 1708 e 1810 no México, foi um precursor das inovações experimentadas pela história econômica (e também pela história social) no final da década de 1960. Nessa obra Florescano utilizou as técnicas da escola francesa dos *Annales* para demonstrar o comportamento cíclico do preço do milho e a recorrência de crises de subsistência. Além de pesquisar e publicar importantes obras, Florescano impulsionou a área enquanto esteve à frente do *Instituto Nacional de Antropología e Historia* – Inah, um dos principais centros de história econômica e social no México e de toda América Latina. No início, o Inah investiu na publicação de bibliografias e instrumentos de pesquisa (Florescano 1980).

Importantes coletâneas também foram editadas, como *México en el siglo XIX*, organizada por Ciro Cardoso e que oferece um grande volume de dados e interpretações sobre a incorporação do México ao capitalismo mundial naquele século. O Inah fomentou igualmente os estudos de história demográfica e história social do trabalho, mostrando como essas áreas se entrecruzam de maneira inevitável.

Entre as pesquisas subvencionadas pelo Inah na área de demografia histórica cabe mencionar *Ciudad de México – ensayo de construcción de una historia*, coletânea organizada por Alejandra Moreno Toscano (1978) e na qual se destacam os estudos sobre o grau de dispersão ou concentração dos vários tipos de negócio e as distintas estruturas das famílias extensas indígenas, em contraposição à usual família nuclear das castas.

No rastro de um rico legado de pioneiros como Caio Prado Júnior, Mafalda Zamela, Alice Canabrava e Celso Furtado – e ao lado do grupo de historiadores da Universidade de São Paulo (USP) agregados em torno de Fernando Novais, como João Manuel Cardoso de Melo, José Jobson Arruda, Vera Ferlini e Luís Felipe de Alencastro., A história econômica ganhou grande impulso no Brasil nos anos 1970 com o grupo de história agrária da Universidade Federal Fluminense (UFF), iniciado por Maria Yedda Linhares e Ciro Cardoso. Voltados para temas que cruzam questões de economia agrária, escravidão, produção, comércio local e internacional, abastecimento, consumo, e utilizando-se de variadas fontes seriais e qualitativas, autores como Francisco Carlos Teixeira da Silva, Hebe Matos, Sheila de Castro Faria, Márcia Menendes Motta, João Luís Fragoso e Manolo Florentino contribuíram decisivamente para o incremento da área no Brasil a partir dos anos 1980. Sempre a título de exemplo, um dos mais conspícuos trabalhos oriundos desse grupo é *Homens de grossa aventura*, de João Luís Fragoso (1992), um dos primeiros a realizar uma rigorosa reinterpretação dos modelos explicativos da economia colonial à luz das contribuições trazidas pelos pesquisadores nos últimos 20 anos. Fragoso se serviu das vastas fontes primárias disponíveis para analisar as formas de acumulação da economia mercantil-escravista na "praça mercantil" do Rio de Janeiro, a qual englobava as regiões Sul e Sudeste do Brasil. Procurou ainda ressaltar a importância da "acumulação endógena" (relacionada às atividades ligadas ao abastecimento interno), do "mercado interno" (*locus* em que se daria a acumulação endógena) e do "capital mercantil residente" (grupo mercantil residente na colônia e que realiza a acumulação) na economia colonial. Dada a sua complexidade, essa economia não poderia mais ser definida como simplesmente uma economia de *plantation*, escravista e monocultora (Ver também Fragoso e Florentino (1993)).

Fragoso avança em relação às teorias anteriores, explicativas da economia colonial, ao propor uma lógica não-econômica ou, ao menos, não-capitalista para explicar o funcionamento daquela economia. Segundo o autor, o capital mercantil, em virtude de uma "mentalidade arcaizante", das relações de poder (de homens sobre homens), levava seus donos, ávidos por ascenderem socialmente na "hierarquia socioeconômica", a se constituírem em senhores de escravos e proprietários de terras, ainda que na passagem da elite mercantil para a de donos dos meios de produção e da mão-de-obra cativa, eles viessem a perder dinheiro e deixar de integrar a elite econômica. Em outras palavras, o projeto colonizador empreendido no Brasil, para além da criação e manutenção de um sistema monocultor-exportador, tinha como objetivo reproduzir no tempo uma hierarquia altamente diferenciada, ou seja, o móvel da empresa colonial era um ideal pré-capitalista, de reprodução de relações de poder. Nesse processo ocorria uma esterilização da acumulação mercantil para a esfera da produção. Tal processo produziu uma contínua recriação dos sistemas agrários em áreas de fronteira, garantindo assim a reprodução da formação econômico-social colonial, graças à apropriação do trabalho excedente não só do escravo como também do camponês.

Para finalizar nossos exemplos da historiografia econômica na América Latina, poderíamos lembrar a pujança das abordagens regionais. A América Central, as regiões andina, platina, amazônica, as regiões mineradoras coloniais e assim por diante receberam constante atenção dos historiadores econômicos latino-americanos. Para ilustrar essa abordagem regional, sigamos o itinerário dos estudos de história econômica da América Central no período que marca a sua inserção na economia capitalista internacional (c.1850-c.1950). Nos anos 1970, muitos autores envidaram esforços no sentido de oferecer uma visão desse período na qual se enfatizava como as "reformas liberais" e a incorporação da América Central no mercado mundial, por meio da exportação de café e bananas, haveriam deitado as bases para o desenvolvimento capitalista dependente. A partir dos anos 1980, uma nova geração de historiadores, incluindo o hondurenho Dario Euraque (1996), os costarriquenhos Victor Hugo Acuña Ortega, Héctor Perez Brignoli (1985) e Mario Semper (1994), e outros pesquisadores — não apenas oriundos da região — vêm procurando reexaminar a história da América Central à luz de novas pesquisas empíricas e abordagens teórico-metodológicas, assim superando as velhas tendências da historiografia da região, caracterizadas por abordagens demasiado empiricistas ou demasiado teorizantes. Os livros de Acuña Ortega e Ivan Molia Jiménez (1991) e de Héctor Perez Brignoli e Mario Samper (1994) são exemplos dessa historiografia econômica revitalizada, atenta às variações e diferenças internas entre as diversas regiões da América Central (Kaimovitz, 1996).

De acordo com esses novos estudos, as modernas classes capitalistas da América Central surgiram de uma mistura de famílias oligárquicas tradicionais, de remota origem colonial, com novos atores que tiveram sucesso em adentrar os círculos centrais. Uma rigorosa pesquisa genealógica de oito das mais importantes famílias dominantes na Guatemala permitiu a Marta Casaus Arzú (1992) demonstrar com propriedade como algumas famílias conseguiram sobreviver e florescer sob as novas condições dos séculos XIX e XX, estabelecendo alianças estratégicas por meio do casamento de seus filhos com os de outras famílias importantes, para conseguir preservar suas posições. Ao inserir parentes em ambos os lados do conflito político, essas famílias poderosas diversificaram-se em novas atividades econômicas e usaram seu poder para obter influência política. Esse padrão clientelístico foi pesquisado a fundo, no caso brasileiro, em estudo pioneiro de Maria Sylvia de Carvalho Franco (1974). Casaus Arzú mostra ainda como essas famílias da elite, cujos membros se dispersaram por inúmeros países da América Central, desempenharam papel importantíssimo na integração regional.

Esta breve análise da historiografia econômica da América Latina não pode ser encerrada sem que antes se retorne à ideia que abriu esta seção: a história econômica e a história social muitas vezes diluem suas fronteiras nos resultados das pesquisas concretas. Talvez isso decorra, contra toda a tendência de fragmentação hoje em voga, do espectro da totalidade do social, tal como proposto um dia pelos maiores pensadores dessa área, de Marx e Weber a Giddens, e pelos grandes nomes da historiografia mundial que teorizaram sua disciplina no século XX, de Bloch, Febvre e Braudel a Hobsbawn e os marxistas britânicos. Talvez por isso um historiador como Gérman Colmenares (1973) tenha sido impelido a escrever uma *Historia económica y social de Colombia* no período colonial. Afinal, que é o "social"? O "social" é ponto de convergência, o círculo que a tudo envolve: homens e mulheres, ideias, cidades, campos, guerras, linguagens, culturas, configurações sociais, poder e política. Assim como a história da acumulação originária do capital na América colonial não pode ser escrita sem referência à escravidão – e, enfim, à história de suas lutas de resistência -, a história dos processos de industrialização na América Latina não pode ser desassociada dos processos de formação das classes operárias e suas lutas. Portanto, uma história das cidades, das formações urbanas na América Latina escreve-se e inscreve-se dentro dos processos de industrialização e – o outro lado da mesma moeda – de formação das classes trabalhadoras que abasteceram de mão-de-obra essas indústrias. A produção historiográfica latino-americana dos últimos 40 anos corrobora essas afirmações.

A história social

A exemplo do que aconteceu na Europa, a história social foi o caminho seguido pela historiografia latino-americana para superar os modelos historiográficos tradicionais vigentes até bem avançado o século XX.

Numa perspectiva mais ampla verificamos que, se no México o período do entre guerras, devido a fatores que não cabe tratar aqui, é marcado por um claro refluxo das influências culturais francesa e alemã (ante o avanço geopolítico e cultural norte-americano), na América do Sul, ao contrário, parece ter sido muito menor esse refluxo. Aqui a influência cultural da Europa, antes e depois da ruptura da I Guerra Mundial (1914-1918), permanece contínua e relevante. (Aguirre Rojas, 1996)

No plano historiográfico, é sabido que Lucien Febvre (1929) sempre manifestou fascínio por esse "campo privilegiado de estudos" que era a América do Sul. E, quando os próprios *Annales* tinham ainda uma presença apenas marginal no cenário historiográfico francês, desde muito cedo começam a se entabular vínculos importantes entre os *Annales* e alguns expoentes da historiografia e das ciências sociais da América Latina. Exemplo notório dessa aproximação foi a presença, entre 1935 e 1937, de Fernand Braudel como um dos primeiros professores da cátedra de história das civilizações da recém-fundada Faculdade de Filosofia, Ciências e Letras da Universidade de São Paulo (USP). A presença de Braudel deitou profundas raízes na historiografia brasileira. O programa de pós-graduação da USP foi pioneiro no Brasil, uma verdadeira matriz que formou quase a totalidade dos historiadores brasileiros. Não é mera coincidência o fato de a história econômica e a história social constituírem as duas grandes linhas de pesquisa do programa de pós-graduação em história da USP, desde sua implantação.[9]

---
[9] Hoje se constituem em dois programas de pós-graduação independentes (ver Prado e Capelato, 1989; Capelato et al., 1995). Para ilustrar a ascendência francesa na formação da historiografia da USP, lembre-se, por exemplo, a fundação daquela que seria a revista mais importante dessa área nos anos 1950 e 1960 no Brasil: a *Revista de História*, dirigida por Eurípedes Simões de Paula. Aluno, discípulo e depois auxiliar docente do próprio Braudel, Simões de Paula declarou as filiações diretas da *Revista da História* com os *Annales* em seu artigo "O nosso programa", de 1950. Sobre o papel dessa revista na história da cultura brasileira, ver Mota (1980).

O peso da história social permanece incontestável no cenário acadêmico brasileiro. O quadro a seguir apresenta os 53 programas de pós-graduação em história no Brasil (abril de 2008), que oferecem 23 cursos de doutorado e 30 cursos mestrados (29 acadêmicos e um profissional). Cerca da metade (24) tem a história social como principal área de concentração – seja estritamente na área, seja em composições mais específicas, como "história social e das ideias", "história social das relações políticas" ou "história social da Amazônia"; ou programas cujo nome é cosmeticamente alterado, mas cuja área de abrangência pode ser identificada como de história social: "história: Estado, região e sociedade", "história, cultura e sociedade", "história das sociedades ibero-americanas", "história social da cultura regional" ou "história, poder e práticas sociais". Em contraste, conta-se somente um programa em história econômica (por coincidência o da USP), assim como em história comparada, em história do tempo presente, em cultura histórica, em pré-história, em instituições e em história das ciências. Dez programas podem ser identificados a partir do corte espacial (questões referentes a fronteiras, espaço, região ou unidades geopolíticas: Amazônia, Brasil, povos ibéricos e ibero-americanos ou latino-americanos), e seis especificamente em história da cultura ("história cultural", "história e cultura", "história e culturas"), além dos híbridos ("cultura e poder", "poder e cultura", "política, cultura e trabalho"). Se a história política *stricto sensu* se acha representada em alguns programas ("história social das relações políticas"; "Estado e relações de poder", "história política", "história social e política do Brasil"), sua constituição mais característica nos programas brasileiros de pós-graduação em história também é em conjunção com outra área, majoritariamente a cultura: "história, tradição, modernidade: política, cultura e trabalho", "história: cultura e poder"; "história social; história cultural; política, memória e sociedade"; "história, poder e práticas sociais", "história, política e bens culturais". Vale notar que os programas mais antigos do país são aqueles que, em geral, se definem por uma grande área, enquanto os programas de criação mais recente identificam suas áreas de concentração a partir de recortes que conjugam mais de uma abordagem (como cultura e sociedade, cultura e poder, cultura e identidade, política e espaço). Essa observação revela um desvio de rota na historiografia nacional, que praticou a história econômica e social até avançado período da década de 1980; a chegada dos novos temários ligados à cultura, cultura política, memória e identidade, a partir da segunda metade da década de 1990, é indicadora de que a historiografia brasileira percorre o mesmo itinerário da latino-americana, em geral com duas décadas de atraso em relação às discussões e viradas temáticas/teóricas/epistemológicas que se passam nos grandes centros de onde importam seus modelos.[10]

---

[10] Outro dado digno de nota é que por volta de 2000 havia no Brasil 26 programas de pós-graduação em história, meia dúzia dos quais ofereciam cursos de doutorado. Vale dizer, à grande guinada da história social e econômica em direção à "nova história cultural e política" acompanha a explosão institucional dos programas de pós-graduação no país, que cresceu em torno de 150% em oito anos. Não cabe aqui uma análise mais detida das lógicas muitas vezes suspeitas em que se deu esse crescimento, não raro baseadas no estabelecimento de clientelas acadêmicas e de redes de poder. Registre-se apenas a conjuntura institucional em que se situam as grandes mudanças de orientação teórica da historiografia brasileira nas últimas duas décadas.

Programas de pós-graduação no Brasil — História

Programa/área de concentração	IES*	UF**
História social	Ufam	AM
História social	UFBA	BA
História	UEFS	BA
História social	UFC	CE
História social e das ideias/ discurso, imaginário, cotidiano	UNB	DF
História social das relações políticas	Ufes	ES
História: cultura, fronteira e identidades	UFG	GO
História: cultura e poder	UCGO	GO
História, tradição, modernidade: política, cultura, trabalho	UFMG	MG
História: cultura e poder	UFJF	MG
História social	UFU	MG
História: Estado, região e sociedade	Ufop	MG
História: poder e cultura	UFSJ	MG
História, região e identidades	UFGD	MS
História, território e fronteiras	UFMT	MT
História e cultura histórica	UFPB/JP	PB
História	UFCG	PB
História social da Amazônia	UFPA	PA
Pré-história do Brasil e história do Norte e Nordeste do Brasil	UFPE	PE
História do Brasil	FUFPI	PI
História, cultura e sociedade	UFPR	PR
Política, movimentos populacionais e sociais	UEM	PR
História: Estado e relações de poder	UFRRJ	RJ
História social	UFF	RJ
História política	Uerj	RJ
História das instituições	Unirio	RJ

Programa/área de concentração	IES*	UF**
História social e política do Brasil	Universo	RJ
História social	USS	RJ
História e espaços	UFRN	RN
História social	UFRGS	RS
História das sociedades ibéricas e ibero-americanas	PUC/RS	RS
História históricos latino-americanos	Unisinos	RS
História regional	UPF	RS
História cultural	UFSC	SC
História do tempo presente	UDESC	SC
História social; história cultural; política, memória e sociedade	Unicamp	SP
História e sociedade	Unesp/ASS	SP
História e cultura	Unesp/FR	SP
História social	PUC/SP	SP
História comparada	UFRJ	RJ
História das ciências	Fiocruz	RJ
História e culturas	UECE	CE
História econômica	USP	SP
História regional e local	Uneb	BA
História social	UEL	PR
História social	UFRJ	RJ
História social	Uerj	RJ
História social	USP	SP
História social da cultura	PUC/RJ	RJ
História social da cultura regional	UFRPE	PE
História, poder e práticas sociais	Unioeste	PR
História, política e bens culturais	FGV/RJ	RJ

* Instituição de ensino superior.
** Unidade da Federação.
Fonte: Capes/MEC. Disponível em: <http://www.capes.gov.br>. Acesso em: 28 abr. 2008.

No entre guerras, o Brasil seria o território privilegiado do vínculo entre a corrente historiográfica francesa e a América Latina. Não obstante a Argentina e o Uruguai terem recebido a visita acadêmica do próprio Lucien Febvre em 1937, é indubitavelmente no Brasil onde se encontra a maior, mais variada e duradoura influência dos *Annales*.

Imediatamente após a II Guerra Mundial, para se firmar como possível "terceira via" entre as duas grandes superpotências da época, a França lança uma iniciativa institucional importante, visando reaproximar o mundo latino-americano de sua própria cultura. Em 1944, funda-se no México, o Instituto Francês da América Latina, vindo em seguida o Instituto Francês de Santiago do Chile (1947) e o Instituto Francês de Estudos Andinos (1948), sediado em Lima. Esse conjunto significativo de iniciativas oficiais do governo francês para recuperar e potencializar o papel da França no território americano teria importantes ecos também no plano da historiografia e na difusão em nosso continente da história social, tal como praticada pelos *Annales*. A presença das obras e ensinamentos dessa escola no meio intelectual mexicano dos anos 1950 e 1960 veio a se intensificar depois dos acontecimentos de 1968. Foi significativo o movimento de migração de estudantes e intelectuais mexicanos que por razões políticas se exilaram na França naquele contexto. Assim, depois de permanências mais ou menos longas naquele país, quando conquistaram seus mestrados e doutorados, esses mesmos jovens *"soixante-huitards"* mexicanos seriam aqueles que, ao retornar à sua terra, aí impulsionariam a popularização dos *Annales*, introduzindo as obras de Pierre Vilar, Marc Bloch, Fernand Braudel e Pierre Chaunu nas novas cadeiras de história, estruturalmente modificadas sob o impacto do marxismo latino-americano, o qual também florescia naqueles anos.

Entre os inúmeros jovens historiadores da geração de 1968 mexicana, marcados duplamente pela influência dos *Annales* e pela irradiação do marxismo, podemos destacar os nomes de Antonio García de León e Enrique Florescano (Aguirre Rojas, 2000).

Essa mesma projeção se repetiu no Brasil, onde a semente plantada nos anos 1930 com as missões francesas – que trouxeram nomes como Roger Bastide, Pierre Mombeig, Claude Levi-Strauss e Fernand Braudel à Universidade de São Paulo e ao Rio de Janeiro – germinou nas décadas de 1950 e 1960, mas agora por obra dos discípulos brasileiros dos mestres franceses. É quando começa a surgir regularmente a *Revista de História*, inspirada de modo confesso no modelo da revista *Annales* e que acolheria regularmente, por exemplo, textos e colaborações de Lucien Febvre e Fernand Braudel.

Com a segunda estada de Braudel no Brasil, quando ele passou outros cinco meses em São Paulo, em 1947, junto à USP (seguido depois por Charles Mozaré e Fréderic Mauro), os *Annales* reforçariam sua influência no meio acadêmico brasileiro, agora por meio da geração de historiadores reunidos em torno de Eurípedes Simões de Paula e da *Revista de História*, na qual colaboraram Eduardo d'Oliveira França, Alice Canabrava, Astrogildo de Melo e Olga Pantaleão, tidos como os fundadores da Escola Uspiana de História (Capelato, 1995).

Esse original empreendimento intelectual foi interrompido no Brasil com o golpe militar de 1964 e a crise política que se seguiu.[11] Como também aconteceu no México e em outros países latino-americanos, o fechamento ao pensamento crítico e o exílio de uma parte significativa da intelectualidade brasileira para o exterior – onde, mais uma vez, a França ocuparia lugar de destaque – foram fatores importantes para facultar uma

---
[11] Para um relato contundente dos tempos da Ditadura Militar no Brasil, ver Gaspari (2002, 2003 e 2004) e Fico (2004).

aproximação da intelectualidade brasileira com o marxismo e posições de esquerda em geral, que naqueles anos começavam a propagar-se pela América Latina. Nessa época, inúmeros historiadores e brilhantes estudantes brasileiros, como Maria Yedda Linhares, Maria Luiza Marcílio, Kátia de Queiroz Mattoso e Ciro Flamarion Cardoso, migram para a França, formando-se na melhor tradição da história social, demográfica e econômica lá em voga (Moraes e Rego, 2002).

O casamento do marxismo com os *Annales* marcou profundamente os historiadores brasileiros que se formaram no final da década de 1960 e nos anos 1970. O movimento foi imenso e intenso e não caberia nos limites deste livro. Para referi-lo, contudo, vamos evocar alguns autores e temáticas que ao menos ilustrem o caminho percorrido pela história social na América Latina.

Nos seis longos ensaios que compõe o excelente *Balance y perspectivas de la historia social en México*, Maria Tereza Huerta (1979) busca resgatar e interpretar cerca de quatro séculos de historiografia mexicana em áreas como demografia, estrutura de classes, instituições educacionais e de seguridade social, movimentos sociais e pensamento indigenista, constituindo um riquíssimo panorama analítico das principais obras e tendências da história social mexicana. Esse trabalho resultou de um inovador programa de treinamento em pesquisa promovido no início dos anos 1970 pelo Departamento de Investigaciones Históricas (DIH). Sob a direção de Enrique Florescano, o DIH lançou uma série de programas multidisciplinares de treinamento em pesquisa no campo da história social mexicana. Dando continuidade às diretrizes estabelecidas duas décadas antes pelos historiadores do *Colegio de México*, o DIH conseguiu redirecionar os estudos históricos mexicanos para uma abordagem muito mais multidisciplinar, como o demonstra o livro de Huerta. O nome do DIH se associa ao do historiador Enrique Florescano, um dos maiores expoentes da historiografia latino-americana contemporânea. O percurso de Florescano retrata bem os mecanismos por meio dos quais a história social aportou no continente e aqui medrou. Mestre em história pelo *Colegio de México*, defendeu a tese "Le prix du mais a México, 1708-1813", para obtenção do título de doutor em história na École Pratique des Hautes Études, da Universidade de Paris. A banca examinadora de sua tese era composta por Fernand Braudel, Pierre Vilar e Ruggiero Romano (seu orientador). Desde então, Florescano firma-se no cenário historiográfico latino-americano como um dos maiores difusores da história econômica e social.

Como Florescano, o colombiano Germán Colmenares era, no início dos anos 1970, um jovem e promissor historiador que já havia publicado muitos trabalhos, entre os quais *Fuentes coloniales para la historia del trabajo en Colombia*. Trabalhou com Fernand Braudel em Paris, tendo feito sua tese doutoral sobre o crescimento da indústria mineradora no reino de Nova Granada. Em outro livro importante no campo da história social, *La provincia de Tunja* (1970), destacam-se o estudo cuidadoso do declínio da população indígena da velha província colonial de Tunja e outras análises sobre as implicações sociais dessa revolução demográfica. A marca dos *Annales* é patente em sua abordagem histórica. A partir de um estudo minucioso dos registros de uma série de visitas à província, cruzados com outras fontes documentais, Colmenares construiu uma curva populacional com a qual demonstra que a população indígena decresceu de cerca de 200 mil pessoas em meados do século XVI para pouco menos de 25 mil dois séculos depois – fato, de resto, verificável em praticamente todo o restante da América Espanhola (Ver também Colmenares (1973 e 1986)).

O nome de Ciro Flamarion Cardoso associa-se imediatamente à história social e econômica e à metodologia da história. Graduado em história em 1965 na Universidade do Brasil (hoje UFRJ), fez seu doutorado na Universidade de Parix X, sob orientação de Frédéric Mauro. Em permanente diálogo com a professora Maria Yedda Linhares, foi juntamente com ela um dos grandes difusores da história social e econômica e da história serial no Brasil, quando de seu regresso ao país no final dos anos 1970. Seus trabalhos sobre o modo de produção escravista colonial alentaram o debate sobre a escravidão nos anos 1970, ensejando intensa glosa que nutriu o desenvolvimento da história social no campo dos estudos sobre aquele tema. Importantes jovens historiadores levaram a cabo um intenso trabalho de pesquisa nas décadas de 1980 e 1990, visando à revisão das teses sobre resistência escrava produzidas anteriormente. Com o objetivo de superar o entendimento do escravismo como sistema de dominação insuperável no qual os escravos eram vítimas impotentes, enfim, de resgatá-los enquanto sujeitos históricos, surgiram estudos de historiadores como João José Reis, Eduardo Silva, Sidney Chalhoub, Sílvia Hunold Lara e Manolo Florentino, entre inúmeros outros, que também percebiam o escravismo como um sistema de dominação complexo, mas sem determinações infalíveis da base econômica ou qualquer outra "instância".

Essa nova abordagem, firmemente ancorada na história social (tanto de inspiração *annaliste* quanto do marxismo britânico), marcou profundamente os estudos sobre resistência escrava realizados nos anos 1980, entre os quais a obra de João José Reis talvez possa ser apontada, sem nenhum exagero, como a de maior influência. Seu estudo sobre a Revolta dos Malês abriu novas perspectivas analíticas ao abordar uma complexa rebelião negra com base na percepção que os próprios cativos tinham do momento, articulando a conduta dos rebeldes com o contexto político mais amplo. Daí em diante, o escravo torna-se pessoa, agente da história. Esse trabalho consolidaria o eixo central de toda a historiografia posterior: o cativo deixou de ser considerado apenas um objeto da história, um ser submetido à força econômicas, sociais e culturais contra as quais quase nada poderia fazer, passando a ser visto como um sujeito histórico que atuava sobre a realidade.

Enraizada em sólidas bases teóricas, a historiografia brasileira dos anos 1990 sobre a escravidão ampliou significativamente os horizontes temáticos da história social, enfocando agora transgressões cotidianas, pequenos atos de rebeldia, fugas temporárias, furtos perpetrados pelos negros, motins e algazarras, alianças circunstanciais ou não com outros membros das camadas subordinadas. A festa, a luta pela sobrevivência das tradições afro-brasileiras, as estratégias de controle dos senhores e as formas de resistência escrava, as tentativas de preservação de arranjos familiares e demais grupos de convivência, enfim, as expressões de humanidade dos cativos, sempre repetidas, por mais que os senhores tentassem reduzi-los à condição de coisas.

Para finalizar esta breve análise da história social na América Latina, passemos a outros dois campos temáticos importantes de irradiação: a história social do trabalho e a dos movimentos sociais.

A história social do trabalho

A história social do trabalho tem uma longa tradição dentro dos estudos históricos na América Latina, o que não significa que esse setor da história social tenha sido sempre inovador do ponto de vista de suas problemáticas e aparatos teórico-metodológicos. Fortemente influenciadora da renovação da historiografia social do trabalho na região, a presença do marxismo britânico, encabeçada pela obra de Edward Palmer Thompson sobre a formação da classe operária inglesa, só a partir dos anos 1980 ganhou a América Latina, a ponto de encetar uma verdadeira renovação (Munhoz, 2004; Negro, 2006). Antes disso – e até um bom tempo depois – prevalecia uma postura muito tradicional, concentrada quase exclusivamente nas ideologias das classes trabalhadoras, seus líderes, suas relações formais com os partidos políticos. Essa visão tradicional concebia as greves como atos de rebeldia, e a história do trabalho em geral como uma extensão da política de esquerda que, com sua vanguarda treinada nos sindicatos, a única para conduzir à implantação do socialismo, levaria à emancipação da sociedade.

Uma obra que retrata fielmente esse modelo tradicional é a *Historia del movimiento obrero en América Latina*, de Pablo Gonzáles Casanova (1984). Nela, cada país latino-americano é tratado por um autor, e a maioria dos ensaios cobre a história do trabalhismo organizado desde meados ou final do século XIX até os anos 1970. Nas duas páginas introdutórias à coleção, Gonzáles Casanova estabelece a linha geral que guiará praticamente todos os autores dos capítulos: o trabalhismo organizado é ou deveria ser permanentemente dedicado à causa da revolução social, evitando quaisquer desvios deste fim, principalmente os que levam os trabalhadores a se iludirem com "concessões" (melhores salários e condições de trabalho ou benefícios similares) feitas pelos empregadores ou pelo Estado. Nessa perspectiva, os trabalhadores são retratados como revolucionários potenciais ou ativos, e os sindicatos, como instituições de grande utilidade, especialmente quando ligados aos grupos políticos certos (por exemplo, os partidos comunistas). Em consequência, a maioria dos ensaios apresenta uma abordagem totalmente institucional da história da classe trabalhadora, para louvar a saga de confederações trabalhistas, partidos políticos, greves e eleições; porém, com isso acaba revelando muito pouco sobre as relações industriais ou a influência de fatores econômicos na sindicalização, e menos ainda sobre os próprios trabalhadores, sua vida cotidiana e sua cultura de classe.[12] Esse "engajamento" é igualmente notório na literatura sobre a história dos movimentos sociais, como veremos a seguir.

A superação da abordagem "oficial" tradicional nos estudos históricos do trabalho, porém, já se fazia presente na América Latina desde meados dos anos 1980. O historiador norte-americano Hobart Spalding (1993), que produziu uma acurada análise dos estudos do mundo do trabalho e da classe trabalhadora, diagnosticava então que esse campo continuava forte tanto nos Estados Unidos como na Europa e na América Latina (Para o caso brasileiro, ver Batalha (2006)). Aqui os estudos sobre o mundo do trabalho e a classe trabalhadora floresceriam vigorosamente no início dos anos 1990, depois de um período embrionário nas décadas de 1970 e 1980, tempos de repressão por quase toda a região. Muitos institutos de pesquisa foram então criados em vários países: no Peru

---
[12] Outros exemplos dessa abordagem que se apegam a certas concepções marxistas engessadas da classe trabalhadora como protagonista da luta rumo à emancipação socialista são os livros de Julio Godio (1983) e Pozzi e Schneider (1994).

(*Asociación Laboral para el Desarollo*), no Uruguai (*Centro Interdisciplinario de Estúdios sobre el Desarollo*), no Chile (*Programa de Economía del Trabajo*), na Argentina (*Programa de Estudios de Historia Económica y Social Americana e Centro de Investigaciones Sociales sobre el Estado y la Administración*). Os estudos desenvolvidos nesses centros usualmente combinavam análises históricas e da contemporaneidade. A *Comisión de Movimientos Laborales da Clacso*, como havia feito anteriormente no campo da história econômica, apoiou consideravelmente inúmeras pesquisas e eventos de importância. Aos poucos, o tema entrou para a pauta das universidades, como no Programa de Pós-Graduação da Universidade de Campinas, no Brasil, importante polo de pesquisa em história social do trabalho desde o final dos anos 1970.

Já o historiador Charles Berquist (1993), à mesma altura, definia a situação da história social do trabalho (ou *labor history*) como paradoxal: por um lado, o movimento operário se encontrava nos mais baixos níveis de atuação do século, como o demonstravam as baixíssimas taxas de sindicalização, cenário agravado com o colapso dos Estados do Leste europeu, principalmente a URSS, e o fim da Guerra Fria. Do ponto de vista ideológico, esse contexto histórico deslocou os velhos objetivos socialistas e a filosofia marxista para a margem das questões centrais. Por mais de um século, o socialismo marxista havia inspirado o movimento operário e influenciado profundamente grande parte da investigação acadêmica sobre o mundo do trabalho, especialmente a história do trabalho. A "nova ordem mundial" neoliberal do mercado livre e das privatizações, no entanto, solapou o marxismo como a nova filosofia no globo.

Por outro lado, não obstante essas gritantes transformações históricas, os marxistas ocidentais, sob inspiração da obra de

E. P. Thompson, lançaram um grande volume de novas e inovadoras pesquisas sobre o mundo do trabalho, que podem ser colocadas entre os melhores trabalhos acadêmicos das últimas décadas. A obra de Thompson, em certo sentido uma resposta ao stalinismo dos anos 1950, influenciou gerações de historiadores sociais e do trabalho. Estes se concentraram na experiência de trabalhadores organizados e desorganizados, incorporaram investigações sobre a vida privada, a família e a vida comunitária dos trabalhadores na história de suas atividades trabalhistas públicas, mudaram o foco da história do trabalho da economia e da política para as esferas culturais, e tornaram mais complexas as preocupações tradicionais relativas a questões de classe ao enfatizarem as perspectivas étnicas e de gênero. A quantidade e a qualidade dessa "nova" história do trabalho não mostram sinais de enfraquecimento.

Na América Latina, afirma Bergquist (1993:758), a história do trabalho atingiu a maturidade com suas contribuições conceituais e metodológicas, observadas mesmo por historiadores pesquisando em outros campos até mais avançados. De acordo com Berquist, a "nova" história social e do trabalho questionou os procedimentos e os próprios temas da pesquisa de campo então levada a cabo por historiadores "tradicionais". De modo geral, a nova história social e do trabalho, tal como comumente entendida no meio, não teve esse efeito político de propor uma nova agenda democrática. Segundo Bergquist, sua preocupação com a maioria trabalhadora na sociedade e sua exigência de escrever a história "de baixo para cima" (*from the bottom up*) foram amplamente despolitizadas e incorporadas ao *establishment* acadêmico.

Fato é que os estudos sobre o movimento operário atingiram seu máximo interesse nos anos 1980, ecoando fortemente na academia da América Latina na década seguinte.

Esse interesse refletia a força e a inserção política dos movimentos operários e sindicais em todo o mundo, movimento que eclodiu com o Solidariedade na Polônia do final dos anos 1970. Após ter produzido um volume significativo de obras nas várias ciências humanas – a história aí incluída –, cremos, diferentemente do que pensava Bergquist há 15 anos, que a tendência hoje é o arrefecimento deste furor acadêmico da *labor history*. Essa desaceleração talvez se explique pelas próprias mudanças na ordem econômica mundial, que alteraram drasticamente o papel dos trabalhadores no sistema produtivo, com reflexos profundos em todo o mundo do trabalho, como, por exemplo, a atividade sindical e de organizações representativas congêneres.

A ascensão do Partido dos Trabalhadores no Brasil, exceção a confirmar a regra, evidencia claramente o deslocamento das metas das corporações organizadas, do plano das reivindicações trabalhistas para a conquista dos espaços políticos tradicionais, numa palavra, do Estado. A ilustrar essa tese, lembre-se que não se registram greves importantes no Brasil desde os anos 1990 (a não ser do funcionalismo público). Por outro lado, não se pode deixar de notar que, no caso do Brasil, atualmente mais de 60% da força de trabalho encontram-se no mercado informal. Não obstante o sensível aumento dos índices do trabalho formal (com carteira assinada) nos dois mandatos do presidente Lula, a adoção da agenda social-democrata pelo governo petista é uma clara evidência de continuidade em relação às políticas econômicas neoliberais deflagradas no governo Collor de Mello e consolidadas nos dois governos de Fernando Henrique Cardoso. Essa continuidade corrobora a tese de que o papel e os objetivos – políticos – dos trabalhadores organizados, no cenário brasileiro, já não são os mesmos dos anos 1970. Por seu turno, os estudos sobre a classe trabalhadora ou o movimento operário não passaram incólumes às transformações mencionadas, mudando sensivelmente seus postulados conceituais, assim como sua agenda de problemas.

Sob o impacto das profundas transformações globais no mundo do trabalho, a produção historiográfica sobre a classe operária e o mundo do trabalho na América Latina no final década de 1980 alterou-se também sensivelmente, dando ensejo ao que se postulou como "nova história social".

Os investigadores passaram a aventurar-se em áreas novas, tentando aprender como melhor combinar o velho com o novo. Esse esforço aparece detalhado, por exemplo, no número especial da revista *International Labor and Working-Class History* dedicado à América Latina, de 1989. Das tradicionais expressões institucionais da classe trabalhadora, como os sindicatos e partidos políticos, o foco mudou para tópicos como o espaço social, as relações pessoais e a cultura popular. Em outras palavras, os historiadores passaram a procurar entender o processo de formação da classe dentro de sociedades e períodos históricos determinados e também a examinar como era a vida cotidiana das pessoas comuns (Spalding, 1993).

Esses novos estudos, em sua maioria, passaram a enfatizar a diversidade das experiências entre as massas trabalhadoras, prevenindo contra os impulsos de generalização comuns em anos anteriores. Questões envolvendo situação econômica, etnicidade, gênero, cultura e condições locais se abriram para uma ampla gama de novas perspectivas, atitudes e comportamentos por parte dos trabalhadores e de seus estudiosos dentro da história e das ciências humanas em geral. Tais perspectivas contrastam frontalmente com os estudos tradicionais sobre o movimento operário. Não obstante um claro afastamento do marxismo entre boa parte dos pesquisadores, a análise de classe não desapareceu completamente. Mas esse conceito tornou-se um fator explicativo entre muitos, não o único, nem o mais importante. Por exemplo, em algumas pesquisas feministas, a classe tornou-se quase totalmente subordinada à questão do gênero.[13]

A propósito, podemos afirmar que, numa perspectiva mais ampla, a produção da história social do trabalho na América Latina nos anos 1990 é marcada por uma crescente diversidade e pelo rompimento com antigos limites, no sentido da incorporação de um leque mais amplo de tópicos, entre os quais se destaca o estudo da mulher ou de gênero (Babb, 1990).

Um marco nesse esforço é o foco no papel das mulheres como força de trabalho em áreas "tradicionais", assim como no "trabalho oculto" realizado no lar como trabalho doméstico ou em outras atividades. Mais recentemente, importantes institutos de pesquisa surgiram nessa área, como, por exemplo, o *Centro Flora Tristán* em Lima, o *Centro para la Acción Feminista* em Santo Domingo, o *Grupo de Estúdios sobre la Condición de la Mujer Uruguaya* em Montevidéu e, no plano mais estritamente acadêmico, o Núcleo de Estudos de Gênero – Pagu, sediado na Unicamp (Brasil), que funciona desde 1993 como espaço acadêmico de discussão e pesquisas interdisciplinares, propiciando reflexões sobre gênero por meio de conferências, debates e seminários restritos a pesquisadores da área ou abertos a um público mais amplo. O núcleo edita os *Cadernos Pagu*, publicação semestral que visa divulgar reflexões teórico-metodológicas, pes-

---

[13] Um exemplo claro dessa tendência pode ser a obra de Lydia Milagros Gonzalo Garcia (1990). Margareth Rago (1985) se utiliza de registros de fábricas, jornais e panfletos para construir uma história social das mulheres trabalhadoras no Brasil.

quisas, documentos e resenhas relacionados com a problemática de gênero.

Enfim, num contexto de drásticas transformações no mundo do trabalho em âmbito global e sintonizadas com as mudanças paradigmáticas que marcam toda a reflexão nas ciências humanas em geral e na história em particular, as pesquisas voltadas para os temas trabalhistas também romperam com modelos tradicionais, como aconteceu em outros campos. Os pesquisadores foram além do estudo dos trabalhadores organizados e suas instituições formais para examinar as questões de gênero, o desenvolvimento da cultura popular, a formação de identidades e a vida cotidiana daqueles que não puderam pertencer a um sindicato ou partido político ligado à classe trabalhadora. Essa tendência é perceptível nas principais obras da chamada "nova história social", como, por exemplo, o volume compilado por Diego Armus (1990), cujos ensaios abrangem uma variedade de tópicos como teatro, cultura popular, associações comunitárias, moradia, força de trabalho feminina e infantil, mudanças de atitude diante do trabalho, além de um estudo de caso de uma fábrica de embalagens de carne. A maioria dos artigos fundamenta-se em documentos locais e jornais, bem como em entrevistas, tendo como foco a Grande Buenos Aires.

Outro autor dessa nova história social é Sidnei Chalhoub (1986), professor da Unicamp. Em seu primeiro livro, ele demonstrou que, no Brasil do final do século XIX, a *belle époque* se caracterizou pelo fortalecimento político da República, o crescimento econômico e a expansão dos centros urbanos, em especial, o Rio de Janeiro.

Para introduzir esse cenário idílico, entretanto, Chalhoub explorou os bastidores de uma briga de bar entre trabalhadores do porto, a qual resulta no assassinato de um deles por causa de uma disputa amorosa. O autor baseou-se na análise de processos criminais de homicídios ocorridos no Rio no começo do século XX, buscando com essas fontes resgatar a visão dos próprios trabalhadores sobre os acontecimentos e experiências que protagonizaram. Ele se serve da imprensa da época para mostrar como as notícias eram "construídas" nas redações dos jornais. O trabalho pioneiro de Chalhoub é ainda hoje um marco dessa mudança de perspectiva na história social do trabalho no Brasil.

A história dos movimentos sociais

Outro veio temático da história social a ser destacado, além da história social do trabalho (e dos estudos sobre escravidão, como vimos no caso do Brasil), é a história dos movimentos sociais. Uma série de fatores levou a um crescimento vertiginoso desse campo nos anos 1970 e 1980, quando os historiadores (e cientistas sociais em geral) buscaram conhecer o papel da resistência da sociedade civil organizada no período marcado pelos diversos e movediços processos de transição democrática na América Latina (Harber, 1996).

O surgimento de movimentos sociais aparentemente novos, no momento em que os investigadores estavam introduzindo e experimentando abordagens conceituais também inovadoras, modificou sensivelmente o perfil da literatura especializada. As variações marxistas, tão populares durante os anos 1970, saíram de cena para dar lugar a teorias democráticas nas quais figuravam em primeiro plano os atores da sociedade civil.

Os estudos dos movimentos sociais latino-americanos nos anos 1970 e 1980, porém, manifestavam grande fé no potencial transformador das organizações populares. Durante os regimes de exceção, os movimentos sociais eram tidos não apenas como expressões da resistência coletiva, mas também como agentes difusores de uma cultura política mais democrática e de uma sociedade civil ativa.

No contexto do aprofundamento da crise dos modelos de desenvolvimento guiados pelo Estado, os movimentos sociais ofereceram respostas aos desafios à sobrevivência de formas alternativas de organizações populares fundadas em normas igualitárias e solidárias. Para toda uma geração de acadêmicos de esquerda e ativistas políticos desiludidos com a repressão dos partidos de vanguarda, com a derrota dos movimentos de guerrilha e com a fraqueza política e as vicissitudes do trabalhismo organizado, os "novos movimentos sociais" eram uma verdadeira tábua de salvação. Representavam uma nova forma de subjetividade popular imbuída do propósito de impor uma nova ordem radicalmente igualitária e de participação social e política.[14]

Mas o curso dos acontecimentos nos anos subsequentes não obedeceu às expectativas dessa visão romantizada do potencial transformador dos atores coletivos anônimos. A produção acadêmica sobre o tema tem adotado uma postura mais cautelosa que reflete a consolidação progressiva das democracias tecnocráticas e de um novo modo de acumulação baseado no individualismo de mercado.

A literatura mais recente não se contenta mais em apenas celebrar as organizações populares ou a abertura de espaço para a livre expressão cultural ou política, mas soma esforços para compreender como os movimentos sociais podem se inserir nas arenas formais da política institucional e influen-

---

[14] Mesmo num campo impulsionado por acontecimentos conceituais e históricos recentes, a coletânea organizada por Daniel Camacho e Rafael Menjívar (1989:18) sobre a história dos movimentos sociais na América Latina pode ser lembrada como exemplo da abordagem típica dos anos 1970. Nenhum de seus ensaios se afasta muito da idéia de que "toda atividade de um movimento social tem como objetivo a sociedade política, ou seja, o Estado", entendimento consagrado na literatura daqueles anos.

ciar a vida pública. As velhas táticas e metas dos movimentos sociais praticadas sob regimes autoritários já não eram mais viáveis ou efetivas no novo contexto democrático. Um ponto central a se guardar são as mudanças de papel e objetivos pelas quais os movimentos sociais e populares passaram ou deveriam ter passado com a transição, ou seja, com o processo de democratização verificado no continente nos últimos 25 ou 30 anos. Talvez o melhor exemplo dessas mudanças de atitude seja o Movimento dos Trabalhadores Sem-Terra (MST) no Brasil, hoje claramente um movimento de caráter político sob uma bandeira de cunho social. Curiosamente, não há nenhum livro de relevância sobre o MST escrito por historiador profissional brasileiro ou latino-americano.

Nesse diapasão, o foco de interesse dos pesquisadores tem recaído sobre questões como identidade e cultura. A insistência na ideia de que o poder político não poderia ser medido apenas em termos da capacidade para mudar o comportamento institucional forneceu importantes antídotos contra a rigidez estrutural característica dos estudos publicados nos anos 1970. Um problema não superado na nova literatura dos anos 1980 e 1990, contudo, é a persistente falta de uma mínima objetividade nos estudos. Muitos de seus autores ou são ativistas que abertamente admitem ter como objetivo fazer avançar as conquistas almejadas pelos seus respectivos movimentos sociais, ou são francamente simpáticos à causa do movimento que estudam.[15]

Para citar apenas uma obra exemplar da mudança de foco das velhas estratégias de conquista do Estado para as novas questões ligadas à identidade e cultura local, nenhuma outra

---

[15] Exemplo disso é a obra de Marguerite Guzman Bouvard (1994) sobre o movimento das "Madres de la Plaza de Mayo", as mulheres argentinas que se tornaram um símbolo internacional dos direitos humanos. Trata-se de um testemunho pungente de como as tragédias pessoais podem levar à transformação de consciências individuais e à politização.

seria mais emblemática do que a coletânea organizada por Arturo Escobar e Sonia E. Alvarez (1992). Não vou entrar no mérito de cada um dos ensaios, que variam muito em objetivos e resultados, mas apenas tomar a obra em conjunto para ilustrar a tendência na mudança da pauta dos investigadores dos movimentos sociais no período correspondente à transição política. O volume em apreço é um claro exemplo dessa mudança. A maioria dos novos movimentos sociais é abordada nos capítulos sobre movimentos camponeses, identidades homossexuais, povos indígenas, comunidades eclesiais de base, favelados e movimentos ecológicos. O leitor tem a impressão de que não se podem definir adequadamente os movimentos sociais latino-americanos como sendo exclusivamente – e talvez nem mesmo primordialmente – centrados em interesses materiais.

Não cabe aqui, igualmente, apontar os pontos fracos da obra, mas apenas resgatá-la como exemplo de uma nova tendência presente nos estudos dos movimentos sociais: ao contrário do que se verificou até a década de 1980, a identidade ganhou maior importância que o processo político, a exploração econômica ou a luta de classes. A rigor, o livro reflete essa mudança substancial na configuração desses movimentos. Embora o tradicional leque de movimentos independentistas, populistas, sindicalistas e camponeses continue a existir, estes não mais dominam a paisagem. Novos tipos de movimentos, com novas preocupações e objetivos, alteraram significativamente a natureza dos movimentos sociais em geral, influenciando também as relações entre eles. Assim, gostem ou não os sindicalistas, o movimento sindical tem agora que atuar na mesma arena que *gays*, feministas e ambientalistas, entre outros. Essa tendência de enfoque começa a ganhar vulto na historiografia propriamente dita e, seguramente, dará o tom na área nos próximos anos.

Capítulo 2
Décadas de 1980 e 1990

Os dois campos que melhor caracterizam o perfil da produção latino-americana nesse período, e que foram paulatinamente suplantando os estudos em história econômica e social hegemônicos desde o final da década de 1960 até meados dos anos 1980, são a nova história política e a nova história cultural. Porém, antes de qualquer outra consideração, é importante frisar que os estudos de história econômica e social não se interromperam de um dia para o outro; em segundo lugar, a história política esteve desde sempre presente na historiografia latino-americana como campo importante de investigação, pelo menos desde o século XIX. A historiografia política da década de 1990 se autorreconhece como "nova" em oposição às antigas obras centradas no Estado e nos grandes homens que estiveram à sua frente, uma vez que nega esse tipo de narrativa apologética dos feitos das elites de mando, ao mesmo tempo em que adota uma nova pauta de problemas e um instrumental teórico-metodológico de acordo com o que se chamou de *cultural turn* nas ciências humanas e sociais. O mesmo vale para história cultural, que sempre existiu, ainda que com outros nomes e objetivos. O que distingue, mais uma vez, a "nova" história cultural, como veremos a seguir, é sua tendência para alguns preceitos ditados pela quebra paradigmática pós-estruturalista.

Nova história política

No início dos anos 1990, começa a chegar à América Latina o influxo do movimento de renovação desse campo encetado na Europa (particularmente na França) na década anterior. Falava-se agora de uma "nova história política", revigorada pelo contato intenso com a história cultural, em que o conceito de "representação" torna-se um imperativo.[16] Maria Helena Capelato e Eliana Dutra (2000) perceberam esse movimento em detalhado estudo das teses acadêmicas produzidas entre 1990 e 1999 no Brasil. A despeito da pluralidade de abordagens, objetos e referenciais teórico-metodológicos, as autoras identificam a existência de uma nova topografia no terreno da história política, caracterizada pelo predomínio dos sistemas de representação e sua relação com a vida social, a natureza do poder e o exercício do poder político. Essa nova topografia se explicaria pela influência direta de correntes de pensamento como o estruturalismo e o pós-estruturalismo, e pela abertura da historiografia a vertentes contemporâneas da filosofia política, da sociologia, da antropologia. Não disponho de análises similares para outros países da América Latina, mas uma percepção até impressionista me leva a crer que um movimento historiográfico análogo vigora por toda a região, no que tange também à história política.

---

[16] Um livro-manifesto dessa tendência, muito citado no Brasil, é a antologia organizada por Remond (1988). Ver também Noiriel (1989) e Balman (1989).

Visão de conjunto

Capelato e Dutra (2000) explicam que desde o final dos anos 1970 os movimentos sociais e os grupos minoritários despertaram grande interesse no Brasil, o que elas atribuem ao momento de redemocratização e ao surgimento de partidos com características originais. No âmbito internacional, o tema da revolução, central nos debates políticos desde a Revolução Russa, foi sendo paulatinamente substituído pelo tema da democracia. No Brasil e nos países latino-americanos que passaram por experiência semelhante, esse fenômeno está ligado ao processo de esgotamento do Regime Militar e à abertura política que se seguiu (Burmester, 1997).

Neste contexto, uma observação de conjunto revela a alteração dos rumos da pesquisa na área, no sentido de se atribuir maior importância à história das representações no plano cultural e político. Segundo Capelato e Dutra, os conceitos de representação e imaginário, nas análises de história política, vieram a se firmar como resultado de uma crise dos paradigmas normativos da realidade que caracterizavam as ciências humanas.

Um parêntese importante que se pode inserir de imediato diz respeito à permanente submissão intelectual da historiografia latino-americana a agendas vindas de fora. Se a abertura e o diálogo – de igual para igual – com as historiografias estrangeiras é mesmo um imperativo para o crescimento qualitativo da história que praticamos aqui, esse papel de "importadores de modelos" acaba tolhendo a capacidade criadora da historiografia latino-americana.

No levantamento exaustivo feito por Capelato e Dutra para o caso brasileiro fica patente a hegemonia de uma literatura estrangeira como substrato teórico da produção local. A partir da bibliografia incluída no corpo de teses selecionado, as autoras puderam notar a presença maciça de historiadores como Jacques Le Goff, Roger Chartier, Peter Burke, Bronislaw Baczko, Michel Vovelle, Michel de Certeau, Pierre Nora, Raoul Girarded, Natalie Davis, Robert Darnton, Jean Starobinski e Maurice Agulhon entre os autores mais citados. Entre os apoios teóricos importados de outras áreas, destacam-se autores como Michel Foucault, Pierre Bourdieu, Hannah Arendt, Pierre Francastel, Clifford Geertz, Roland Barthes, Cornelius Castoriadis, Georges Balandier, Claude Lefort, Pierre Ansart, Maurice Halbwach, Mikhail Bakhtin e Ernest Cassirer.

Capelato e Dutra puderam constatar que a linha de pesquisa em história das representações políticas articula projetos relativos às representações coletivas expressas através de ideias, ideologias, imaginários, símbolos, mitos, utopias e cerimônias do poder (festas e comemorações cívicas, rituais, liturgias, paradas, desfiles). Também se nota uma forte presença de dissertações e teses sobre cultura política, contemplando questões relativas a esferas públicas e privadas, cidadania, direitos, identidades e nação, bem como de trabalhos que articulam cultura e política, incorporando objetos de outras áreas e relacionando a história a outros campos, como literatura, música, artes plásticas, arquitetura, cinema e teatro.[17]

Não obstante toda essa propalada abertura inovadora, as autoras constataram um grave problema: a dificuldade dos historiadores em assimilar, na condução de suas pesquisas e na construção de seus textos, as reflexões teóricas dos autores mencionados nas suas bibliografias. Parte significativa da amostragem de trabalhos não consegue ultrapassar o nível descritivo do material empírico, não obstante as proposições analíticas anunciadas na introdução. Outra parte se caracteri-

---

[17] Para alguns exemplos dessa renovada historiografia política no Brasil, ver Souza (1999); Schwarcz (1998); Ribeiro (1995); Neves (2003); Fico (1997).

za pelo extremo ecletismo na referência a autores com posições teóricas distintas, sem qualquer mediação. Como hipótese de trabalho a ser testada por meio de pesquisa historiográfica, esse problema constatado por Capelato e Dutra no campo da história política no Brasil pode ser estendido a outros campos da historiografia latino-americana em seu conjunto.

Primeiro exemplo: Estado e nação (século XIX)

Na absoluta impossibilidade de resgatar a multiplicidade e volume da produção em história política na região, destacaremos a seguir, a título de ilustração, dois campos temáticos importantes onde a historiografia latino-americana fez avançar a história política, a saber: a construção do Estado e da nação (século XIX), e os estudos sobre os regimes populistas (século XX).

Um dos temas de história política em que mais se destacou a historiografia latino-americana nas últimas duas décadas foi a construção do Estado e da nação nas diversas regiões do continente. Aqui, merecem especial atenção os estudos inovadores do historiador argentino José Carlos Chiaramonte (1997), autor de extensa obra da qual destacarei, a título de exemplo, *Ciudades, provincias, estados: orígenes de la nación Argentina (1808-1846)*. Trata-se de uma coleção de documentos que remontam às origens da nacionalidade argentina, desde a década anterior à revolução de maio até a metade da experiência rosista. Um longo ensaio introdutório precede a preciosa coleção de documentos, ordenada tematicamente e cuidadosamente referenciada, reunindo cartas, relatórios oficiais, minutas de debates constitucionais, atos e decretos, artigos de jornais e excertos de livros, a maioria ligada a questões de identidade política e formas de soberania reivindicadas por atores políticos do período. O estudo preliminar põe o leitor em contato com temas caros ao autor, incluindo a mistura heterogênea de ideias no fim do período colonial, as formas de identidade política dominantes nas primeiras décadas de independência e o verdadeiro sentido de conceitos-chave tais como "federação", "nação", "Argentina" e *pueblos*.

O trabalho de Chiaramonte ganhou espaço acadêmico na América Latina. No Brasil, influenciou sobretudo os debates sobre a questão da administração colonial e da formação do Estado e da nação no século XIX. Analisando os discursos dos deputados brasileiros nas cortes constituintes de Portugal, os professores uspianos István Jancsó e João Paulo Pimenta (2000) procuraram demonstrar a complexidade do fenômeno de emergência de uma "identidade nacional", como se prefigura na diferenciação conceitual dos termos *pátria*, *país* e *nação*, veiculados naqueles discursos. A ascendência intelectual de Chiaramonte sobre esses autores é notória. Jancsó e Pimenta argumentam que o processo de construção da nação — e, por extensão, de consolidação da independência — iria arrastar-se por pelo menos toda a primeira metade do século XIX ou até pouco mais além, como corroboram os movimentos insurrecionais eclodidos nas províncias. A seu ver, a instauração do Estado brasileiro precedeu a difusão de um "espírito ou sentimento nacional", porquanto conviveu, de início, com uma ampla gama de identidades políticas com diferentes trajetórias e projetos de futuro. Os autores uspianos afirmam, com propriedade, que não se pode reduzir o processo de formação do Estado à "ruptura unilateral do pacto político que integrava as partes da América no Império Português" (Jancsó e Pimenta, 2000:132). E assinalam, com acerto, que foi obra da historiografia imperial, em meio às crises recorrentes de afirmação do Império, procurar conferir ao Estado uma idealizada sustentação por meio do "resgate" do seu passado imediato, daí resultando a elaboração do mito da "fundação tanto do Estado como da nação" a partir do rompimento com Portugal. O tema ganhou tamanha projeção no Brasil, que o grupo da USP organizou em 2001 um grande evento, e os trabalhos aí apresentados foram depois publicados num alentado volume (Jancsó, 2002).

Sinal de que o tema é caro à historiografia latino-americana é o fato de o evento promovido pela USP, em 2001, ter sido precedido em uma década por outro similar realizado no México, do qual resultou igualmente uma coletânea organizada por Marcello Carmagnani (1993). Esta, de escopo mais abrangente do que a brasileira, em virtude de sua abordagem comparativa, traz uma versão revisada dos textos apresentados num congresso sobre as variedades do federalismo latino-americano promovido na cidade do México em março de 1992. Os autores[18] analisam a evolução do federalismo como uma doutrina e uma prática política remota, quando ele representava uma aspiração problemática refletida em arranjos institucionais, como no federalismo liberal. Seus princípios foram finalmente sacramentados na Constituição mexicana de 1857, na da Argentina de 1853-1860 e na do Brasil republicano, quando da instalação do Estado Novo. Tais estudos abarcam até o atual estágio do chamado "federalismo centralizador", o qual aparentemente está perto de completar seu curso em meio a fortes sinais de reação descentralizadora.

A década de 1990 assistiu a uma produção significativa sobre a questão da construção do Estado e da nação na América Latina independente. Em ensaio bibliográfico, Mark Berger (2000) resenha sete obras sobre o tema, todas elas escritas em

---

[18] Josefina Vázquez, Marcello Carmagnani e Alicia Hérnandez Chaves (México); José Murilo de Carvalho, Joseph Love e Aspásia Camargo (Brasil); José Carlos Chiaramonte, Natalio Botana e Germán Bidart Campos (Argentina).

inglês e apenas uma de autoria de um latino-americano. No balanço da bossa, o autor quer fazer crer que elas representam uma nova abordagem da questão, que começou a se fazer presente nos últimos 20 anos. Seu argumento é, sem dúvida, válido para os títulos e autores que analisa, bem como para a vasta bibliografia em que se apoia. Além dos textos resenhados, Berger cita 79 outros títulos, dos quais 78 em inglês (apenas um em espanhol), escritos por autores anglo-saxões (à exceção de quatro ibero-americanos). Este quadro dá a contemplar o descolamento entre a produção historiográfica sobre América Latina e a historiografia latino-americana. É como se a história da América Latina fosse escrita, sobretudo nos Estados Unidos, à revelia dos historiadores latino-americanos.

O argumento central de Berger é que, na década de 1990, o estudo da história latino-americana se caracterizou pela continuidade vigorosa de importantes debates sobre a herança colonial, embora tenha surgido no cenário uma "nova geração" de pesquisadores preocupados com a formação do Estado pós-colonial. Registram-se os esforços crescentes para articular criticamente as questões do nacionalismo e da formação da nação, geralmente com ênfase em camponeses e povos indígenas. Paralelamente, os debates sobre a conceitualização das estruturas sociais e das mudanças sociais (numa palavra, poder de elite e resistência subalterna) na América Latina Colonial e pós-colonial foram revitalizados pela suposta interação entre o marxismo revisionista (o "pós-marxismo") e o pós-estruturalismo, recebida com loas pelo autor do ensaio.

Essa nova historiografia procuraria reconceituar o papel do Estado, discutir (desnaturalizando) o caráter problemático do conceito de nação e explorar a história e a significação dos grupos subalternos em relação ao papel das elites na construção do Estado e da nação. Essa corrente teria vindo reequacionar os desafios postos pelo marxismo e as análises dependentistas anteriores, dispensando atenção crescente ao caráter complexo e socialmente determinado da construção do Estado e da nação. Por outro lado, dentro da própria historiografia americana, surgem autores extremamente críticos com relação a essas novas abordagens, as quais abusam teoricamente dos enfoques ligados à cultura, etnicidade e gênero, oferecidos pelo pós-estruturalismo.[19]

Por fim, vale ressaltar a onipresença da obsessão nietzsche-gramsci-foucaultiana pelo poder nestas novas abordagens. Segundo Berger, parte significativa da historiografia (norte-americana, acrescente-se) permaneceria, inconscientemente, presa a concepções eurocêntricas, produtoras de análises centradas ainda na empresa das elites na construção do Estado e da nação. Ainda assim, destaca ele, um número crescente de trabalhos de história latino-americana apresenta-se como um desafio a essas tradições históricas. Eles refletiriam uma tendência, anunciada desde os anos 1980, para focalizar cada vez mais os grupos subalternos e excluídos em geral. Esses grupos foram economicamente explorados e política, social e culturalmente marginalizados tanto durante o período colonial quanto durante o período nacional. Essas novas contribuições, forjadas no cruzamento do marxismo com o pós-estruturalismo, vêm procurando resgatar aqueles grupos marginalizados na história da América Latina. Enfim, são a aplicação à realidade latino-americana da abordagem pós-colonialista que tudo procura explicar a partir de enfoques centrados no binômio hegenomia/resistência (a onipresença do poder), em todas as esferas da vida, em particular no âmbito da cultura.

---
[19] Um exemplo dessa postura "crítica" é a coletânea organizada por Robert H. Jackson (1997).

O processo de independência das diversas regiões latino-americanas, talvez o mais visitado tema de nossas historiografias nacionais, também oferece um observatório perfeito para se perceber o desenvolvimento da historiografia política nas duas últimas décadas. Vale ressaltar que tal tema gerou produção copiosa de obras, das quais algumas serão aqui evocadas a título de mero exemplo.[20] Neste conjunto, merecerá destaque a coletânea organizada pelo historiador colombiano Germán Colmenares (1986), cujo prefácio é tão importante quanto os quatro densos ensaios que a compõem.

Ao avaliar a obra do historiador do século XIX José Manuel Restrepo sobre a revolução da independência em Nova Granada, Colmenares a percebe como uma "prisão historiográfica". Participante ativo da vida política durante e após a revolução, Restrepo guardou um volume impressionante de documentos e produziu uma vasta obra em 10 volumes (*Historia de la revolución de la República de Colômbia*, de 1827), que se tornou uma espécie de "história oficial" do movimento, tendo suas teses pró-elites reiteradas por sucessivas gerações de historiadores. A arguta percepção de Colmenares da contínua apropriação da obra, tornando-a uma "prisão historiográfica", é equivalente ao papel desempenhado pela obra de Francisco Adolfo de Varnhagen na história e na historiografia do Brasil, onde se teriam lançado, mais que um paradigma, verdadeiros "quadros de ferro" da historiografia nacional, conforme sentenciou Capistrano de Abreu (1976) (Ver também Wehling (1999); Malerba (2007b)). Tanto Restrepo quanto Varnhagen produziram cânones de interpretação — a propósito, cânones conservadores, que procuraram negar a importância das ca-

---

[20] Sobre a historiografia latino-americana da independência nos anos 1980 e 1990, ver o excelente balanço realizado por Victor Uribe (1997). Para uma abordagem comparativa dos movimentos de independência na América Latina, ver McFarlane (2006). Uma avaliação crítica da historiografia da independência do Brasil encontra-se em Malerba (2006b e 2006c).

madas populares na história de seus países – dos quais as gerações de historiadores posteriores muito difícil e tardiamente conseguiram se liberar. O conjunto de ensaios compilado por Colmenares é valioso justamente por tentar tirar o foco de análise da dimensão "nacional" em favor de uma abordagem social do processo de independência.

Do mesmo escopo que a obra anterior, mas com uma cobertura temática mais ampla, é a compilação de Alberto Flores Galindo (1987) sobre a independência no Peru, que reúne elementos importantes para subsidiar uma análise econômica, política e social de caráter mais interpretativo.

Muito mais vasta do ponto de vista quantitativo é a produção historiográfica sobre a revolução mexicana – tema explorado tanto por importantes mexicanistas como por autores nacionais – da qual podemos tomar como exemplo as duas coletâneas organizadas por Jaime Rodríguez (1989, 1994). No geral, pode-se afirmar que essas duas obras, assim como a síntese da revolução mexicana escrita por Ernesto de La Torre (1992),[21] são basicamente exemplos de história política tradicional, abordagem ainda muito presente na historiografia latino-americana, a despeito de uma vaga de renovação, conforme sugerem Capelato e Dutra (2000) (Ver também Guerra (1992)).

Não obstante a vasta produção sobre o conjunto de acontecimentos políticos, dos quais talvez o mais importante seja a criação dos estados nacionais, concordamos com o historiador Victor Uribe (1997) quando afirma que os estudos comparativos

---

[21] Ver também Torre, 1982. Outro exemplo é o livro de Bidart Campos (1976), cujo primeiro volume, sobre o período de 1810 a 1860, contém uma lista minuciosa de fatos históricos, aventando algumas hipóteses analíticas. O segundo, cobrindo o período subsequente até 1977, é ainda mais frágil, de caráter apenas descritivo, sem qualquer pretensão analítica. Além disso, o foco centra-se exclusivamente no âmbito da vida político-partidária. Enfim, trata-se de uma introdução documentalmente bem informada, mas analiticamente estreita, à história política e constitucional da Argentina. Sobre a história desse país, ver o trabalho monumental de Saguier (2008).

de qualidade são ainda escassos e que nossas interpretações do processo de independência na América Latina continuam marcadas por abordagens macroestruturais centradas nas elites.

Segundo exemplo: regimes populistas (século XX)

De maneira muito panorâmica, pode-se afirmar que na história política da América Latina no século XX ganham projeção, como não poderia deixar de ser, os trabalhos historiográficos sobre os regimes populistas e ditatoriais. De modo que as eras de Lázaro Cárdenas (1934-1940), Juan Domingo Perón (1943-1955) e Getúlio Vargas (1930-1945, 1951-1954), nomes que deixaram seus sucedâneos na história política posterior de seus países, vêm atraindo desde sempre a atenção dos historiadores do México, Argentina e Brasil.

No *boom* de publicações sobre as relações entre Estado e sociedade no México cardenista, verificado na década de 1990, ganha relevo o surgimento de modelos de interpretação do cardenismo que o concebem como um lato fenômeno político, um amplo feixe de práticas e crenças surgidas num determinado quadrante histórico, as quais penetraram em diversos espaços sociais, desde as antecâmaras do poder das elites político-partidárias até a sua reprodução no cotidiano das camadas populares. Em outras palavras, essa nova historiografia busca superar a visão "revisionista" de que o projeto cardenista era uma imposição "de cima para baixo", visando a obstar o crescimento do poder popular em favor do poder de Estado. Procurando evitar o perigo de voltar à antiga linha hagiográfica de trabalhos mais antigos, a historiografia política mais recente procura entender como o Estado é formado por meio de sua atuação normativa cotidiana, que implica a negociação de demandas e interesses populares. Enfim, mais uma vez, sob a iluminação teórica de autores como Gramsci e Foucault, essa nova linha de investigação enfatiza o caráter ambíguo da hegemonia do Estado-nação. Tais estudos instam os pesquisadores a reconsiderar como a "hegemonia" conquistada pelo Estado cardenista pode ser compreendida como um genuíno crescimento do poder de barganha das camadas populares.[22]

Para indicar um único exemplo emblemático dessa literatura dos anos 1990 que se propõe mapear as manifestações e efeitos da reforma "socialista" encetada por Cárdenas nos anos 1930 em comunidades e culturas locais do México, destaquemos a obra de Rosa Nídia Buenfil Burgos (1994). Junto com a reforma agrária e a nacionalização do petróleo, é consenso historiográfico que a reforma educacional promovida por Cárdenas desempenhou papel fundamental não apenas em seu projeto político, mas também na própria construção do moderno Estado mexicano.

A rigor, muito da fama da era Cárdenas pode ser atribuída a sua tentativa de emplacar uma "educação socialista" em escolas e comunidades locais. Uma ampla literatura já existia sobre o assunto desde meados do século XX. Essa nova literatura, de que a obra de Buenfil é exemplo, veio mudar o foco da análise. O livro de Buenfil, fruto de uma tese orientada pelo pós-marxista Ernesto Laclau, é um exemplo típico da penetração do pós-estruturalismo na historiografia política.

De acordo com suas premissas teóricas, a autora procura desconstruir as manifestações discursivas da "mística da revolução mexicana" no campo educacional, para mostrar suas contradições e a possibilidade de múltiplas apropriações práticas. Com isso, Buenfil visa a fornecer outras lentes com as quais se pode observar o imaginário do projeto cardenista.

---

[22] São exemplos dessa nova historiografia revisionista do México cardenista os livros de Adolfo Gilly (1994); Raquel Sosa Elízaga (1996); Marcos Tonatiuh Aguila e Alberto Enrique Perea (1996); e Rosa Nídia Buenfil Burgos (1994).

A partir de uma concepção pós-estruturalista de hegemonia como construção discursiva de sujeitos políticos, ela busca reconstruir historicamente e desconstruir analiticamente o modo como a educação socialista tomou forma enquanto discurso hegemônico. Para tanto, mostra os significados mutantes de socialismo, as condições sociopolíticas sob as quais o discurso da educação socialista se produziu e, por fim, como seus elementos constitutivos foram combinados e "sobredeterminados" por interesses sociais.

Não será o caso de explorar o livro capítulo por capítulo, mas de apontá-lo como indício de um movimento de renovação (para melhor ou para pior) da história política perceptível em outros lugares, como o Brasil. Aqui, Maria Helena Capelato (1998), uma das principais responsáveis pela renovação da história política no país, produziu um instigante estudo comparativo entre o varguismo e o peronismo no que concerne ao significado da propaganda política idealizada e posta em prática tanto pelo Estado Novo getulista como pelo peronismo.

Esses regimes, por sua vez, inspiraram-se em métodos de propaganda nazista e fascista, adaptados à realidade histórica do Brasil e da Argentina. A autora aponta o caráter autoritário da propaganda nos meios de comunicação, na produção cultural e na educação, e mostra como se processava a manipulação das massas com o objetivo de obter uma resposta adequada da população às suas necessidades, quer fosse por meio da unificação em torno de um projeto comum de Estado, quer da "domesticação" dessas massas, eliminando as vozes dissonantes de suas diretrizes.

Em consonância com as temáticas desenvolvidas por autores estrangeiros, uma das questões analisadas por Capelato é a função simbólica utilizada pelas ditaduras modernas para seduzir as massas, a qual se traduz na relação entre um passado simbólico interiorizado e os símbolos presentes. Ambos os regimes valeram-se das imagens e dos símbolos. No varguismo, por exemplo, a autora ressalta a constante exaltação à bandeira brasileira, a marcha para o oeste (integração nacional), o uso da figura de Vargas em alfinetes, medalhas, chaveiros. O peronismo, por sua vez, usou de símbolos semelhantes, como o *escudito*, as estampas dos livros escolares e as realizações sociais.

Ao tratar das noções de cultura, política e propaganda no nazismo e no fascismo, Capelato analisa a mútua influência, as similaridades e as diferenças entre o peronismo e o varguismo. Tanto este como aquele concebiam as artes como meios utilitários, porque era através delas que se procurava obter o engajamento político e, em última instância, divulgar as doutrinas estadonovista e justicialista. Exemplo disso é a produção cinematográfica. Tentando fazer face à produção norte-americana que invadira então os cinemas, o governo tornou obrigatória a apresentação de películas nacionais. Assim, viabilizava financeiramente o projeto cinematográfico nacional, ao mesmo tempo em que ditava, por meio da censura, o que deveria ser feito e visto.

Capelato enfoca o sentimento de identidade nacional inculcado nas massas pela propaganda política. O nacionalismo tenta forjar aqui o conceito de nação e raça brasileiras. Se nos anos 1930 a miscigenação era vista como fator de desagregação e atraso, agora ela era apresentada como benéfica. Na Argentina, a questão do nacionalismo manifestou-se de maneira diferenciada: havia já um forte sentimento de raça; o peronismo deveria simplesmente combater os "maus políticos" para recuperar o sentimento e o orgulho do novo homem argentino.

Enfim, a historiografia sobre a política latino-americana construída em torno de temas como os regimes populistas e autoritários de meados do século XX, e outros, mais recentes, marcados pelos regimes militares de exceção que grassaram nas décadas de 1960 a 1980 em todo o continente, assim como pela abertura que se lhes seguiu, produziu uma verdadeira avalancha de títulos sobre suas histórias nacionais particulares. Ainda demasiado "tradicional" até cerca de duas décadas atrás, ou seja, centrada em sujeitos/processos político-partidários, na história do Estado e das elites no poder. Essas historiografias nacionais esboçaram uma renovação a partir dos anos 1990, diferenciada conforme o país e sua tradição historiográfica. Muito carecemos, porém, de estudos comparativos sobre o processo político na história da América Latina, como de resto se verifica também em outros campos temáticos.

Por outro lado, a onipresença da obsessão nietzsche-gramsci-foucaultiana pelo poder nessas novas abordagens, como se constata a partir da avaliação de Berger (2000), antes referida, é inegável não apenas nos estudos recentes que se podem rotular como de nova história política, mas também nos da nova história cultural. Marshall Sahlins (2005) revelou, com ironia, o perigo maior do culto aos pressupostos teóricos foucaultianos no campo da antropologia. O "poder" é ali entidade demiúrgica e circular, se não tautológica, como vetor explicativo.

Muitos desses estudos que elegem como eixo analítico o campo simbólico, seja na história política, seja na história cultural, acabam chegando ao mesmo lugar de onde partiram, ou, em outras palavras, concluem reiterando suas premissas: o "cultural" fundamenta o "poder", quando tudo começa no exercício da dominação hegemônica que, gerando resistência, leva à negociação e acomodação. Nesse intercurso, o resgate da memória da experiência cotidiana de grupos minoritários – de classe, étnicos ou sexuais – vai criando identidades e conquista seu lugar na história. Esses verdadeiros clichês acabam sendo aplicáveis a qualquer grupo social, em qualquer período ou região, de modo que, ao se tornarem aistóricos, acabam por esvaziar suas potencialidades de explicação histórica.

História cultural

A "nova história cultural" na América Latina

A entrada de novos personagens e temáticas na agenda dos investigadores a partir dos anos 70 foi, para Carlos Aguirre Rojas 1998, um dos efeitos de 1968 sobre a historiografia Ocidental. Este historiador mexicano entende 1968 como uma verdadeira revolução cultural em escala mundial, que afetou os alicerces culturais da civilização ocidental, que são a família, a escola e os meios de comunicação de massa. Uma das características dessa revolução, que marcará profundamente o modo como se concebe e escreve a história nas décadas seguintes, é o que se chamou de "irrupção do presente na história"; por meio dessa irrupção, o presente imediato irá se manifestar com muito mais força na historiografia, rompendo com a rígida divisão até então vigente entre presente e passado, e inscrevendo a atualidade, a contemporaneidade nos objetos da pesquisa histórica. É o que se verifica com o surgimento de muitos temas importantes nas últimas três décadas, dentro das perspectivas da chamada antropologia histórica; esta, também chamada história antropológica (ou "das mentalidades", na França), elegeu como seus tópicos preeminentes a privacidade, a intimidade, a sexualidade, a história das mulheres, das crianças, da família, da loucura, dos marginais, da cultura popular, as questões raciais, ecológicas etc.

Segundo Aguirre Rojas, 1968 derrubou a "episteme" vigente desde fins do século XIX, caracterizada pela compartimentação dos saberes disciplinares, baseados na especialização. Isso viria a influenciar fortemente o conjunto das disciplinas sociais e a historiografia posterior. Outra face desse mesmo movimento cultural são as novas expressões dos movimentos sociais, agora também pulverizados. Pluralidade que se observa também nas demandas dos novos movimentos sociais, que deixaram de ser econômicas ou políticas, tornando-se demandas feministas, pacifistas, ecologistas, urbanas, antirracistas, étnicas, comunitárias ou de outras minorias reprimidas que afloram no contexto das lutas sociais posteriores a 1968 (Cardoso, 1999, 2005).

Este movimento histórico não passou em branco na historiografia internacional em geral, e latino-americana em particular. Os contornos do que se chamou "nova história cultural" foram ali delineados. A história das relações de gênero — um dos campos mais característicos dessa nova abordagem — será tomada aqui como exemplo para análise.

Ao estudar o fenômeno do advento da "nova história cultural" na historiografia mexicana, o professor da Universidade da Califónia Eric von Young (1999) ressalta seu aspecto, para usar de um eufemismo, fortemente "ecumênico". Ironicamente, como é seu estilo em todo o texto, Young faz a seguinte proposta: a história cultural deveria ativamente colonizar as relações econômicas, como fez com os sistemas políticos, na pressuposição imperialista de que toda história é história cultural. Eis aí um aspecto definidor dessa modalidade de narrativa histórica: uma vez que tudo, ao final, se resume a discurso, todos os aspectos da vida humana, da economia à política, das instituições à vida privada, são igualmente redutíveis à abordagem cultural.

Muito astutamente, Young não se atreve a responder questões difíceis, como o que é cultura, o que é história cultural ou o que é "novo" nessa história cultural que alguns autores estão escrevendo sobre o México Colonial, mas sutilmente salienta aquilo que é suficientemente característico dessa abordagem para diferenciá-la de outras. Segundo Young (1999:214-217), derivam da antropologia não só o interesse obsessivo da história cultural pela problematização de textos e pela linguagem, obviamente originado com os estudos literários pós-estruturalistas, mas também o método etnografoide e, em alguma medida, seu interesse característico pelos grupos "subalternos" e pelas formas de comunidade e identidade. Desnecessário será resgatar aqui toda a literatura que trata das relações incestuosas entre antropologia e história desde o final dos anos 1960 e que projetou a terceira geração dos *Annales*. A virada linguística, especialmente, e a influência deletéria do pós-modernismo que presumivelmente a ela se seguiu exigiram uma crítica inteligente de historiadores mais "tradicionais", seja de direita, seja de esquerda (tanto politicamente como epistemologicamente falando).

Mas, afinal, o que caracterizaria essa nova história cultural? Young (1999:218) destaca quatro pontos:

- o estudo das mentalidades, no sentido da persistência de *estruturas mentais* que motivam os comportamentos individuais e coletivos, e dos *sistemas simbólicos* que as pessoas usam para explicar o mundo à sua volta;
- um interesse particular, mas de modo algum exclusivo, nos *grupos subalternos*;
- certa inclinação ao indutivismo na escritura da história;
- uma postura altamente crítica (ocasionalmente, porém, regredindo à credulidade) em relação às fontes e à interpretação textual.

Outra questão importante levantada por Young é o grau de "novidade" dessa "nova" história cultural. Livros clássicos foram escritos, por latino-americanos ou não, sobre história cultural latino-americana. Young menciona as obras Charles Gibson (*The Aztecs under Spanish rule*, 1964) e Gonzalo Aguirre Beltrán (*Medicina y magia*, 1963), a que se poderia juntar ainda, entre outros, Sérgio Buarque (*Visões do paraíso*, 1958), como densos exemplos de história cultural. Porém hoje, no México (como no Brasil ou em qualquer lugar da América Latina), os praticantes da "nova" história cultural se identificam pela referência a um corpo canônico de obras, por determinados pontos de referência teóricos e metodológicos, pela predileção por certas fontes e por um "jargão" especializado, no qual temas como representações, textualidade, relações de poder, subalternidade e identidades sexuais e raciais, intimidade e privacidade, cultura popular, entre outros, são imperativos.

Mas, se a agenda do campo está definida, a forma de executá-la na América Latina não segue exatamente o receituário prescrito. Os historiadores latino-americanos, e os brasileiros em particular, mercê de sua abertura para vários polos de reflexão teórica e de criação historiográfica, "mestiçaram" à sua maneira tal abordagem e a praticam com certa liberdade criadora, desenvolvendo-a, muitas vezes, dentro de investigações sobre outros tópicos. Por isso, como veremos à frente, Sueann Caulfield (2001) pôde diagnosticar vestígios de história de gênero em estudos de história social, da família e das mentalidades produzidos por historiadores latino-americanos. Como afirma Young, independentemente de sua presumível genealogia e das autoridades que ela tipicamente invoca para apoiar-se, a nova história cultural, tal como praticada no México (e mesmo na América Latina, eu diria), não é de fato um projeto radicalmente pós-moderno, porque seus praticantes parecem crer na cognoscibilidade (parcial, ao menos) das realidades passadas, e porque há, para eles, uma diferença entre a imaginação criativa do romancista e a imaginação factual do historiador. Esboçamos, a seguir, dois veios importantes da história cultural na América Latina, tal como praticados pela historiografia do cotidiano e das relações de gênero (Young, 1999:217).

Primeiro exemplo: cotidiano e vida privada

Como ocorre na própria história da historiografia francesa, a história da família emerge da conjunção dos estudos de demografia histórica, que conhecem grande incremento nos anos 1950 e 1960, com as novas questões da história social. Foi a partir dos revolucionários anos 1960, coincidindo com a própria mudança de rumo dentro dos *Annales* da terceira geração, em direção à história antropológica ou das mentalidades, que novos temas ligados ao cotidiano e à vida privada, de grande difusão nas décadas de 1970 e 1980, juntaram-se ao caudal daquilo que viria a constituir mais tarde a "nova" história cultural. Ressaltem-se dois pontos: primeiro, todas essas frentes de pesquisa não escapam a visíveis matizes nacionais, de modo que sua prática varia conforme o país, sejam os Estados Unidos, a França ou os países da América Latina; segundo, não será forçoso reconhecer uma linha de evolução conectando todas essas áreas, ainda que a história cultural mais recente reclame abertamente sua vinculação ao desconstrutivismo semiótico pós-moderno, especialmente no que diz respeito à história da leitura e da recepção literária.[23]

---

[23] Ao seguirmos a periodização proposta por Marshall Eakin (1998:551 e segs.), o desenvolvimento dessa área acompanha o itinerário da historiografia americana sobre a América Latina.

Antes disso, porém, ainda com um viés marcadamente de história social, a história da família foi responsável pela revisão de antigas teses consolidadas. No Brasil, onde ela ainda é praticada em importantes centros, os estudiosos da família escrava contestaram a tese da desproporção entre mulheres e homens escravos e de sua incapacidade patológica para constituir família devido às condições do cativeiro, provando a existência de laços familiares duradouros a partir do manuseio de um amplo leque de fontes sobre casamento, legitimidade, uniões consensuais, entre outros (Slenes, 1999; Castro, 1995).

Os grandes avanços encetados pelos historiadores da família no campo da história demográfica fomentaram tanto a história social como a nova história cultural que então emergia na América Latina, mercê do paulatino abandono do recital marxista estrutural e da abertura para práticas historiográficas francesas (história antropológica), italianas (particularmente a micro-história) e inglesas (especialmente sobre a experiência de vida de comunidades subalternas, como proposto por Thompson). Na América Latina, os estudos de história social, focados na vida privada e cotidiana e nas formas alternativas de resistência dos setores populares, com viés francamente antropológico, receberam rótulos diferentes conforme o país: *nueva historia social* no México, *nueva historia* em Porto Rico e "história social da cultura" no Brasil. Versaram sobre todos os períodos da história latino-americana, do período colonial ao tempo presente, com foco em vários campos de pesquisa, como a história social do trabalho e dos movimentos sociais, a história da família e de gênero, no intuito de resgatar, *à la* Thompson, como as populações pobres (em geral urbanas) construíram identidades de classe baseadas em normas culturais, valores e práticas de resistência às imposições disciplinares emanadas das elites capitalistas.[24]

Um ponto importante a destacar e que mereceria maior aprofundamento diz respeito aos avanços da chamada etno-história. Nas últimas décadas, antropólogos e historiadores juntaram esforços no sentido de reconstruir o mundo colonial. A influência de antropólogos como Miguel Leon Portilla (1959) e Perez Cevallos e Pérez Gollán (1987) na historiografia da Mesoamérica e dos Andes é inquestionável. Alguns dos melhores trabalhos recentes sobre história colonial da América Latina são considerados etno-históricos, contendo avanços significativos nos estudos sobre gênero, crítica literária, construção de modelos para a compreensão do "outro", formação de classes, sistemas de trabalho e economia informal.[25]

Na década de 1980, nos mesmos nichos temáticos explorados por historiadores sociais e culturais, classe operária, movimentos populares, mulheres, começaram a vicejar na América Latina outra forma de abordagem caracterizada pelo uso, direto ou indireto, das teorias pós-estruturalistas, particularmente aquelas da análise do discurso propostas por Foucault, centradas na história das instituições disciplinares voltadas para o enquadramento das minorias marginais e excluídas e nas microrrelações de poder emanadas das diferenças de sexo e das relações de gênero de modo geral. Depois de aflorarem primeiramente no Brasil, esses enfoques se alastraram para outros países da América Latina.

---

[24] A bibliografia sobre esses temas é vastíssima. Ver, por exemplo, Caulfield (2001); Armus (1990); Bergquist (1993); Harber (1996); Huerta (1979); Skidmore (1998); Spalding (1993).

[25] Sintomaticamente, quase todos os exemplos dessas "novas áreas" mencionados por Kristine Jones (1994) são autores norte-americanos ou anglo-saxões em geral (e publicados em inglês): Irene Silverblatt, Regina Harrison, Karen Spalding, Florencia Mellon, Ingá Clendinnen, Nancy Fariss etc. Após citá-los, a autora indaga: "por que o rótulo *etnohistória* é aplicado aos estudos dos índios da América Latina, quando se poderia considerá-lo como parte da 'nova história social' ou da abordagem da escola dos *Annales*?". E responde perguntando: "seria essa outra forma de marginalizar o estudo do mundo não-europeu?".

Tais estudos se voltam para a análise do discurso das instituições médicas, psiquiátricas e jurídicas criadas a partir de meados do século XIX e visam estabelecer os padrões de conduta admitidos pelas autoridades dos recém-criados Estados latino-americanos. Se nesse enfoque em particular a presença (expressamente citada) da referência teórica pós-estruturalista é óbvia, cumpre dizer ainda que sua incidência na historiografia latino-americana não se limita a essa literatura de temática específica, voltada para questões de ordem médica, prostituição, asilos, etc, mas se encontra mesmo no *bas-fond* de toda a produção de "história social" fundada no binômio "dominação *versus* resistência", onde a onipresença do vetor "poder" é a categoria explicativa por excelência.

À mesma época, no Brasil, uma outra literatura, também preocupada com questões de sexualidade (mas não exclusivamente) e interessada sobretudo na instituição inquisitorial dos tempos coloniais, fez projetar na América Latina o tema da história das mentalidades importado da França. Nesse campo merecem destaque os estudos pioneiros de Luiz Mott (1982, 1988) sobre a presença *gay* no Brasil colonial, a partir de exploração minuciosa dos julgamentos de sodomia promovidos pela Inquisição. Também no Brasil, Laura de Mello e Souza (1987) estudou as relações entre a perseguição de feiticeiras e as imagens europeias do Brasil como uma terra de demônios e sexualidade incontida; seu colega Ronaldo Vainfas (1989) produziu uma cuidadosa história social da família, entrecruzando temas como moralidade e sexualidade na análise da história institucional e religiosa da Inquisição no Brasil; e Ligia Bellini (1989) escreveu trabalho historiográfico pioneiro sobre relações homossexuais femininas, baseado em documentos inquisitoriais de sodomitas. Não será descabido afirmar que nesses estudos das mentalidades se encontra o embrião da história das relações de gênero, tal como entendida e praticada pela historiografia latino-americana.

Segundo exemplo: relações de gênero

Nada haverá a se acrescentar à fina análise de Sueann Caulfield (2001) sobre a história de gênero na historiografia latino-americana que não seja mera redundância. Utilizarei seu brilhante ensaio para levantar alguns pontos centrais que marcam a relação da historiografia latino-americana com outras estrangeiras, como indicado no início deste capítulo.

Caulfield sustenta que já estão superados os velhos debates políticos e teóricos que marcaram o início dos estudos sobre a mulher na década de 1970, embora eles tenham influenciado a trajetória desses estudos desde então. Tais debates versavam sobre o papel das feministas americanas na definição de uma agenda acadêmica, os vínculos entre a militância feminista latino-americana, os movimentos da classe trabalhadora e a produção acadêmica, a relevância da posição dependente da América Latina na economia mundial e as implicações da produção sobre mulher para o imperialismo americano e as lutas políticas latino-americanas. Eu diria que tais questões já não se podem enunciar nos mesmos termos, mas não estariam todas completamente superadas.

É interessante notar, na própria divisão analítica do texto de Caulfield, a procedência geográfica dos autores e obras citados. Não é fácil detectar a presença na América Latina dos estudos de gênero, tal como definidos e praticados nos Estados Unidos. Por isso, Caufield (2001:453) os encontra em três "subcampos" muito desenvolvidos aqui: a história da família; a história social sob influência da micro-história e da "nova história social" americana; e a "nova" história cultural de cunho foucaultiano e pós-moderno em geral. As grandes inovações metodológicas da produção sobre a história das relações de gênero aconteceram dentro da comunidade acadêmica americana, na qual esta historiografia latino-americanista acabou conquistando lugar de destaque. Mas, a rigor, consultando-se a robusta bibliografia citada por Caulfield (2001:465-480) salta aos olhos que toda a vasta bibliografia onde ela encontra relações de gênero na historiografia latino-americana comprime-se principalmente na seção sobre *family history, everyday life, and discourse analysis* – cujos títulos referidos seriam considerados por qualquer historiador criterioso como o melhor extrato de nossa história social. As outras seções sobre gênero propriamente dito são majoritariamente baseadas em autores norte-americanos ou de formação acadêmica norte-americana.

Como nota Caulfield (2001:457), o diálogo historiográfico entre Norte e Sul no campo da história das mulheres foi marcado por maiúsculos conflitos. Enquanto esse campo crescia na América Latina, com a proliferação de centros de estudos e pesquisa, de eventos acadêmicos e de canais editoriais, emergiam as divergências entre o Norte e o Sul do continente. Os pesquisadores latino-americanos criticavam o que entendiam como o compromisso norte-americano com uma agenda feminista imperialista e burguesa, enquanto os norte-americanos tomavam as agendas políticas ou a teoria da dependência dos colegas do Sul como sinal equívoco ou atraso intelectual.

O pomo da discórdia tem sido a ênfase na precedência explicativa de sexo ou classe, muitas vezes tornados mais complexos com a inclusão de elementos de raça, que foram amiúde vistos como variáveis independentes, diversamente aquilatadas conforme o cenário. Assim, mesmo entre os pesquisadores da história da mulher e das relações de gênero é possível notar a maior preocupação dos latino-americanos com as grandes questões nacionais e políticas. Isso, juntamente com as flagrantes diferenças internacionais em termos de recursos para pesquisa e publicação, contribuiu para que a produção acadêmica latino-americana (nesse campo e em todos os outros, eu acrescentaria) tivesse alcançado menor projeção em âmbito internacional (Caulfield, 2001:461).

Um último ponto a acrescentar à reflexão sobre esse campo específico dentro da "nova história cultural" é que, não obstante o sólido nicho profissional criado em torno da história das mulheres e das relações de gênero nos Estados Unidos, sua difusão pela América Latina não é tão tranquila.

Numa coletânea elaborada por Diana Taylor e Juan Villegas (1995), exemplar por conter todos os *topoi* característicos do jargão pós-moderno, um dos próprios organizadores acaba negando a importância dessas questões de gênero e sexualidade para a América Latina. Na introdução ao livro, Taylor sustenta que ele alargaria as categorias de política na América Latina e de política de modo geral, ao ventilar novas questões como identidade sexual, sexualidade e relações entre sexos. Seu ensaio, fato incomum nesse tipo de empreendimento, é francamente contestado pelo coorganizador Juan Villegas em suas considerações finais, onde questiona a importância da maioria dos ensaios que compõem a obra. Ele deliberadamente se exclui do "nós" subentendido na vaga do modismo que se arroga estar propondo uma "nova questão", em "nossos termos". Seu argumento central é que sexualidade, gênero e raça não são questões tão importantes na América Latina ou em *Latino issues* como o são para a comunidade acadêmica latino-americana. Villegas francamente renega o suporte teórico e histórico da produção acadêmica *"queer"* e das abordagens raciais e étnicas que compõe a coletânea.

Considerações Finais

Difícil aquilatar com precisão o que há de "novas perspectivas e problemas" na historiografia latino-americana. De modo geral, em consonância com o movimento historiográfico internacional, desde os efervescentes anos 1960 também por aqui se verificou certa guinada radical nas formas de se conceber e praticar a história, no sentido do paulatino afastamento das abordagens holísticas e totalizantes, teoricamente informadas, que buscavam uma compreensão histórica do ente América Latina no concerto das nações. Tal afastamento epistemológico se fez acompanhar da percepção geral de fragmentação social em nichos políticos reduzidos em escala, nos quais sobressaem novos sujeitos históricos isolados, que insistem em não mais constituir um todo ou se considerar parte integrante de qualquer organização social (como um Estado) ou comunidade imaginada (como uma nação): mulheres, negros, índios, judeus (e todas as etnias possíveis), crianças, velhos, verdes, *gays* e lésbicas etc. A teoria, acompanhando o movimento, aceitou diminuir seu alcance e também sectarizou-se: uma teoria para as mulheres, outra para os diversos grupos étnicos, outra para as classes sociais, outra para crianças e velhos, outra para os praticantes de cada fé religiosa, outra para os ecologistas, outra para as minorias sexuais, e assim por diante. O vetor gerador dessas identidades locais é a cultura, como quer que a definam. Tal guinada na historiografia da América Latina, como acima exposto, reitera seu papel histórico de importadora de pensamento e modismos.

A rigor, pode-se dizer que o que há de novo na historiografia latino-americano se encontra no passado, estando o presente pleno de pastiche e cópia. O que a inteligência latino-americana produziu de "novo", de genuíno, foram as teorias da dependência, abortadas com o advento do pós-estruturalismo, que negou função à teoria. A meu ver, não há dúvida de que, nesse mesmo período de quatro décadas, o mundo se tornou mais complexo, não apenas na queda-de-braço geopolítica, mas também no campo da cultura, com o encurtamento das distâncias e a revolução nos seus sistemas de reprodução, como a família, a escola e os meios de comunicação virtuais. A alternativa escolhida, ao que me parece, é a mais cômoda, mas não a mais eficaz e consequente.

O pós-estruturalismo foi vital para jogar por terra velhas verdades engessadas, principalmente aquelas provenientes da teoria marxista, tal como disseminada pelos regimes autoritários que dela se apropriaram como credo ao longo do século XX. Mas, se o pós-estruturalismo e seus sucedâneos, como o pós-modernismo, foram importantes em sua iconoclastia, pouco colocaram no lugar dos ídolos destruídos (Malerba, 2006d). A melhor solução não será simplesmente abandonar a teoria;[26] pelo contrário, há que resgatá-la, aprimorá-la, para que todos os importantes sujeitos históricos que, para além das dicotomias mecânicas de classe, ganharam voz a partir da revolução para-

---

[26] E não penso apenas no marxismo, mas em todas as teorias que pensam o social como uma totalidade, de Weber a Elias e todos os críticos da modernidade que se queira evocar.

digmática promovida pelo pós-estruturalismo sejam novamente integrados numa percepção global da sociedade latino-americana, de sua história e de suas relações com o resto do mundo.

A meu ver, portanto, o reducionismo semiótico instaurado com o pós-estruturalismo, que reduz todos os aspectos da realidade a efeitos de comunicação, que faz do mundo texto, não é saída para a teoria (Malerba, 2007a); tampouco a segregação desses sujeitos em seus respectivos mundos fechados. Não é possível, por exemplo, entender a história colonial contando apenas a história dos brancos, ou a dos índios, ou a dos negros, já que elas se integram num todo. O mesmo vale para a história das mulheres, dos *gays*, do meio ambiente. Todas devem ser incluídas numa abordagem totalizante, e não setorial, segmentada, sectária. Assim como a sociedade não resolverá os graves problemas de discriminação e exclusão social, étnica ou sexual apenas com a ação afirmativa de favelados, negros, índios ou *gays*, a humanidade, pensada como unidade de sobrevivência, não evitará a hecatombe ambiental apenas se cada indivíduo plantar uma árvore ou salvar o urso panda ou o mico-leão-dourado. O equilíbrio ecológico e a vida no planeta estarão permanentemente ameaçados enquanto os maiores poluidores do planeta renegarem o protocolo de Kyoto. Trata-se de um problema muito maior, que é econômico, político, cultural, que é, enfim, estrutural. O mesmo vale para os outros sujeitos históricos referidos.

Um último ponto a destacar, no que respeita ao futuro da historiografia latino-americana, é a urgência de democratização da produção e da circulação de informação. Grande parte das universidades latino-americanas ainda não dispõe de recursos para adquirir os excelentes e caríssimos bancos de dados de humanidades e de história que as empresas estrangeiras constituíram, não raro contando com o melhor da produção latino-americana e que, ironicamente, está vetado aos pesquisadores do Sul. Só quando se franquear efetivamente o acesso à informação, quando a produção acadêmica circular livremente, haverá possibilidade de definir uma nova agenda para os estudos históricos na América Latina que atenda aos interesses de seus povos.

Mas nem tudo são apenas pedras no caminho da consolidação da historiografia latino-americana. A despeito de todos os problemas, a sua expansão nas últimas décadas é notável, como sublinhado no início deste livro. Muitos centros de pesquisa, programas de pós-graduação, revistas e veículos de divulgação importantes surgiram e se consolidaram na Argentina, Chile, Colômbia, Peru, México e alguns países da América Central, além do próprio Brasil. Incrementaram-se na região o intercâmbio, a cooperação e o debate, facilitados pelas novas teias cibernéticas de comunicação, apesar de todas limitações orçamentárias e tecnológicas. Eventos de porte viraram regra na agenda acadêmica de muitos países. Para tanto, contribuíram notadamente as associações e entidades representativas. Autores locais já começam a ocupar lugar de destaque no debate internacional. Isso tudo foi possível porque os historiadores latino-americanos tiveram que aprender desde sempre a construir seus espaços institucionais em condições amiúde adversas, com escassez de recursos, com administrações ineficientes, muitas vezes sob regimes políticos nefastos. Daí resultaram, talvez, a flexibilidade para driblar cenários adversos, a abertura de visão, a plasticidade teórica e o rigor, que vêm caracterizando um segmento considerável dos historiadores latino-americanos. Muito ainda está por fazer, mas o caminho está traçado e já começou a ser trilhado.

Orientação Bibliográfica

Esta orientação bibliográfica, capítulo a capítulo, por certo não se pretende exaustiva, e sim complementar às indicações feitas no corpo do texto. As referências completas encontram-se na bibliografia incluída no final deste livro.

Introdução

Para balanços historiográficos gerais sobre América Latina, em diferentes épocas, ver Morner (1973), Morse (1964), Skidmore (1998), Johnson (1985) e Eakin (1998).

Para balanços historiográficos cobrindo regiões ou países da América Latina, ver Matute (1974), Skidmore (1976), Stein (1960), Griffith (1960), Perez Cabrera (1962), Tepaske (1975), Lemmo (1977) e também Cardozo (1987), Colmenares (1987), Posada-Carbó (1996), Fico e Polito (1992) e Falcon (2004a, 2004b).

Avaliações sobre o contexto histórico e intelectual da transição paradigmática no Ocidente encontram-se em Wallerstein (1997), Santos (1995) e Iggers (1997). Sobre a crítica à herança da ilustração, à ciência e à modernidade, ver Rouanet (1987), Dosse (1991) e Ferry e Renaut (1985). Sobre a virada cultural dos anos 1960, em particular os movimentos em torno de maio de 1968, ver Aguirre Rojas (1999), Wallerstein (1989, 1999) e Braudel (1993).

Os axiomas das impugnações pós-modernas foram lançados em 1979 por Lyotard (1989) e sistematizados para o campo da história por Ankersmit e Kellner (1995). Para uma teorização séria sobre a questão das metanarrativas e o problema do fim da história que ela suscita, ver Callinicos (1995) e Malerba (2006a).

Sobre o linguistic turn e a questão das representações em filosofia, ver Cardoso e Malerba (2000). O idealismo lingüístico ou panlinguismo proposto pelo pós-estruturalismo é tratado por Iggers (1997:118 e segs.) e contestado por Cardoso (1998, 2005) e Zagorin (1998).

A literatura sobre o fenômeno "pós-modernismo" em história é extensa. Nela se há de incluir Rüsen (1993), Ankersmit (1994) Topolsky (1994), Bailyn (1982), Stone e Spiegel (1992) e Pieters (2000). Uma crítica ao anti-realismo encontra-se em Malerba (2007a).

Para uma crítica à "prática histórica normal", ver Jenkins (1997, 2001). Sobre o caráter da representação histórica, ver Cardoso e Malerba (2000).

Sobre a institucionalização do *issue* América Latina na academia norte-americana, ver Skidmore (1998), Rosemberg (1984) e Grover (1988).

Capítulo I
Décadas de 1970 e 1980

Em Cortés Conde e Stein (1977) encontra-se uma extensa bibliografia de história econômica da América Latina para o primeiro século após a era das independências, com ensaios interpretativos e mais de 4.500 entradas anotadas de trabalhos sobre Argentina, Brasil, Chile, Colômbia, México e Peru. Ver também Bonilla (1972). Para uma síntese da história econômica na América Latina, ver Cortés Conde (2006).

Análises globais das teorias da dependência podem ser encontradas em Bergquist (1970) e Love (1990). Sobre as sutilezas de enfoque das múltiplas vertentes e autores que formularam as diversas versões das teorias da dependência, ver os ensaios analíticos de Cueva, Villamil e Fortin (1976), Túlio Halperin-Donghi (1982) e Ronald Chilcote (1981, 1990).

Sobre o movimento neozapatista de Chiapas, um dos dois movimentos, junto com o MST, de maior repercussão internacional na década de 1990, ver o engajado volume de Antonio Garcia de León (2002), que inclusive serviu de conselheiro no Exército Zapatista de Libertação Nacional, e Aguirre Rojas et al. (2001).

Para a mera indicação de algumas obras historiográficas seminais na definição de uma mudança de perspectiva em relação ao tema da escravidão no Brasil, rumo à história social, ver Reis (1986), Chalhoub (1990) e Lara (1988). Essa nova abordagem da escravidão, centrada na recuperação do escravo como sujeito histórico, de sua cultura e identidades, fez escola no Brasil. Entre os mais refinados exemplos, ver Silva (2001, 2006), Carvalho (1998, 2005), Ferreira (2001) e Marquese (2004). Cabe destacar o papel fundamental que desempenhou na formação dessa linhagem historiográfica o historiador americano Robert Slenes (1999, 2006), há décadas radicado no Brasil.

Capítulo 2
Décadas de 1980 e 1990

Há um intenso debate em curso sobre a questão da administração colonial e da formação do Estado e da nação no Brasil, para o qual contribuem obras como as de Fragoso, Bicalho e Gouvêa (2001), Fragoso, Sampaio e Almeida (2007), Fragoso et al. (2006), Bicalho e Ferlini (2005), Berbel (1999), Souza (1999), Santos (1992), Jancsó (2005) e Malerba (2006b).

Uma excelente abordagem crítica da "nova história cultural" na América Latina está em Tenório Trillo (2006). Sobre os estudos culturais, ver Schmidt-Welle (2006).

A mero título de exemplos de trabalhos historiográficos de inspiração foucaultiana que se voltam para a análise do discurso das instituições médicas, psiquiátricas e jurídicas criadas a partir de meados do século XIX, podemos lembrar, para o Brasil, Costa (1979), Machado et al. (1978), Engel (1989) e Rago (1991). Para outros cenários historiográficos da América Latina, ver Balán (1988), Mannarelli (1999) e os artigos de Maria Celia Bravo e Alejandra Landaburu, de Maria Gabriela Ini e de Pablo Ben (Lozano, Pita e Ini, 2000). Uma análise mais acurada dessa bibliografía encontra-se em Caufield (2001).

É consensual na literatura especializada que a história das mulheres e a das relações de gênero em geral começaram nos Estados Unidos, Grã-Bretanha e Europa ocidental, e que elas definiram seus sistemas de relações de gênero como mais ou menos universal, impondo-se em outros contextos intelectuais (ver Guy, 1994).

A antropóloga Florence Babb (1998) externa sua satisfação ao ver que a revista *Latin American Perspectives* reconhece a importância de indivíduos, comunidades e movimentos de *gays*, lésbicas, bissexuais e transexuais na América Latina, bem como a rica produção acadêmica que surge sobre tais objetos. Grande difusora dos estudos de gênero nos Estados Unidos, Babb lembra os trabalhos pioneiros de estudiosas como Carmen Diana Deere, Helen I. Safa, Norma Chinchila, Marianne Schmink e Eleanor Leacock, todas americanas ou treinadas na academia norte-americana. Tal afirmação é facilmente verificável pela procedência das autoras que compõem a coletânea organizada por Gonzáles e Kampwirth (2001), todas americanas ou formadas nos Estados Unidos.

Bibliografia

ABREU, Capistrano. Sobre o visconde de Porto Seguro. In: ABREU, Capistrano. *Ensaios e estudos*, 1ª série. Rio de Janeiro: Civilização Brasileira, 1976.

ACUÑA ORTEGA, Victor Hugo; MOLINA, Iván. *Historia económica y social de Costa Rica (1750-1950)*. San José: Porvenir, 1991.

AGUIRRE ROJAS, Carlos António. Los efectos de 1968 sobre la historiografia Occidental. *La Vasija*, México, DF, n. 2, p. 13-28, ago./nov. 1998.

_____. *Os Annales e a historiografia francesa*. Tradições críticas de Marc Bloch a Michel Foucault. Tradução de Jurandir Malerba. Maringá: Eduem, 2000.

_____ et al. *Chiapas em perspectiva histórica*. Barcelona: El Viejo Topo, 2001.

ANDERSON, Perry. Estrutura e sujeito. In: ANDERSON, Perry. *A crise da crise do marxismo*. Tradução de Denise Bottmann. São Paulo: Brasiliense, 1984.

_____. *A zone of engagement*. London: Verso, 1992.

ANKERSMIT, F. Six theses on narrativist philosophy of history. In: ANKERSMIT, F. *History and tropology*. Berkeley: University of California Press, 1994a.

_____. *History and tropology*. Berkeley: University of California Press, 1994b.

ARMUS, Diego (Ed.). *Mundo urbano y cultura popular*: estudios de historia social argentina. Buenos Aires: Sudamericana, 1990.

AUGÉ, Marc. *Não lugares*. Introdução a uma antropologia da supermodernidade. Tradução de Maria Lúcia Pereira. Campinas: Papirus, 1994.

AYERS, Edward L. *The promise of the New South*. Oxford (UK): Oxford University Press, 1992.

BABB, Florence. Women and work in Latin America. *Latin America Research Review*, v. 25, n. 2, p. 236-247, 1990.

_____. Gender and sexuality. *Latin American Perspectives*, v. 25, n. 6, p. 28-29, 1998.

BAGÚ, Sergio. *Economía de la sociedad colonial*. Buenos Aires: El Ateneo, 1949.

_____. *Estructura social de la colonia*. Buenos Aires: El Ateneo, 1952.

BAILYN, Bernard. The challenge of modern historiography. *American Historical Review*, v. 87, p. 1-24, 1982.

BALÁN, Jorge. *Profesión y identidad en una sociedad dividida*: la medicina y el origen del psicoanálisis en la Argentina. Buenos Aires: Cedes, 1988.

BALMAND, Pascal. Le renouveau de l'histoire politique. In: BOURDÉ, G.; MARTIN, Hervé. *Les écoles historiques*. Paris, Seuil,1989.

BARNES, Catherine A. *Journey from Jim Crow*: the desegregation of southern transit. New York: Columbia University Press, 1983.

BATALHA, Cláudio H. M. Os desafios atuais da história do trabalho. *Anos 90 - UFRGS*, v. 13, p. 87-104, 2006.

BELLINI, Lígia. *A coisa obscura*: mulher, sodomia e inquisição no Brasil colonial. São Paulo: Brasiliense, 1989.

BERBEL, Márcia Regina. *A nação como artefato*. Deputados do Brasil nas cortes portuguesas (1821/22). S. Paulo: Hucitec/Fapesp, 1999.

BERGER, Mark T. Specters of colonialism: building postcolonial states and making modern nations in the Americas. *Latin American Research Review*, v. 35, n. 1, p. 151-171, 2000.

BERGQUIST, Charles. Latin America: a dissenting view of Latin American history in world perspectives. In: IGGERS, George; PARKER, Harold T. (Eds.). *International handbook of historical studies*: contemporary research and theories. Westport (CT): Greenwood, 1970.

BERGQUIST, Charles. Labor history and its changes: confessions of a Latin Americanist. *The American Historical Review*, v. 98, n. 3, p. 757-764, 1993.

BICALHO, Maria Fernanda; FERLINI, Vera Lúcia Amaral. (Orgs.). *Modos de governar*: idéias e práticas políticas no Império Português, séculos XVI a XIX. São Paulo: Alameda, 2005.

BIDART CAMPOS, Gérman. *Historia politica y constitucional argentina*. Buenos Aires: Ediar, 1976. 2v.

BIELSCHOWSKY, R. (Org.). *Cinqüenta anos de pensamento na Cepal*. Rio de Janeiro: Record, 2000.

BONILLA, Heraclio et al. *La historia económica en América Latina I*. Situación y métodos. México, DF: SEP/Setentas, 1972.

BORON, Atilio A. Embattled legacy: "post-marxism" and the social and policital theory of Karl Marx. *Latin American Perspectives*, v. 27, n. 4, p. 49-79, 2000.

BOUVARD, Marguerite Guzman. *Revoluzionizing motherhood*: the mothers of the Plaza de Mayo. Wilmington, Del.: Scholarly Resources, 1994.

BRAUDEL, Fernand. Renacimiento, Reforma, 1968: revoluciones culturales de larga duración. *La Jornada Semanal*, México, DF, n. 226, 10 oct. 1993.

BUENFIL BURGOS, Rosa Nídia. *Cardenismo, argumentación y antagonismo en educación*. México, DF: DIE/Cinvestav/Conacyt, 1994.

BURMESTER, Ana Maria de Oliveira. *A (des)construção do discurso histórico*: a historiografia brasileira dos anos 70. Curitiba: Aos Quatro Ventos, 1997.

BURNS, E. Bradford. Ideology in nineteenth-century Latin American historiography. *The Hispanic American Historical Review*, v. 58, n. 3, p. 409-431, 1978.

CABERO, Alberto. *Chile y los chilenos*. Santiago: Nascimento, 1926.

CAHOONE, Lawrence. *From modernism to post-modernism*. An anthology. Cambridge: Oxford: Blackwell, 1996.

CALLINICOS, Alex. *Against postmodernism*. A marxist critique. Cambridge: Polity, 1991.

_____. *Theories and narratives*. Reflections on the philosophy of history. Cambridge: Polity, 1995.

CAMACHO, Daniel; MENJÍVAR, Rafael. *Los movimientos populares en America Latina*. México, DF: Siglo XXI, 1989.

CANABRAVA, Alice. Roteiro sucinto do desenvolvimento da historiografia brasileira. In: *Seminário de Estudos Brasileiros, 1*. Anais, v. 2. São Paulo, IEB/USP, 1972. p. 4-9.

CAPELATO, Maria Helena Rolim. *Multidões em cena*: propaganda política no varguismo e peronismo. Campinas: Papirus, 1998.

_____ et al. A escola uspiana de história. In: CAPELATO, Maria Helena Rolim. (Org.). *Produção histórica no Brasil*. São Paulo: Xamã, 1995.

_____; DUTRA, Eliane. Representação política: o reconhecimento de um conceito na historiografia brasileira. In: CARDOSO, Ciro F.; MALERBA, Jurandir (Orgs.). *Representações*. Contribuição a um debate transdisciplinar. Campinas: Papirus, 2000.

CARDOSO, Ciro Flamarion. História do poder, história política. *Estudos Ibero-Americanos*. Porto Alegre, v. 23, n. 1, 1997.

_____. Crítica de duas questões relativas ao anti-realismo epistemológico contemporâneo. *Diálogos*, Maringá, n. 2, p. 47-64, 1998.

_____. Epistemologia pós-moderna, texto e conhecimento: a visão de um historiador. *Diálogos*, Maringá, v. 3, n. 3, p. 1-28, 1999.

_____. *Um historiador fala de teoria e metodologia*. Bauru: Edusc, 2005.

_____; BRIGNOLI, Héctor Perez. *Los métodos de la historia*: introducción a los problemas, métodos y técnicas de la historia demografica, económica y social. Barcelons: Critica/Grijalbo, 1976.

_____; _____. *História econômica da América Latina*. Rio de Janeiro: Graal, 1983.

_____; MALERBA, J. *Representações: contribuição a um debate transdisciplinar*. Campinas: Papirus, 2000.

_____; VAINFAS, Ronaldo. (Orgs.) *Domínios da história*. Ensaios de teoria e metodologia. Rio de Janeiro: Campus, 1997.

CARDOSO, Fernando H.; FALLETO, Enzo. *Dependencia y desarollo en America Latina*. México, DF: Siglo Veinteuno, 1969.

CARDOZO, Efraim. *Historiografía paraguaya*. México: DF: Instituto Panamericano de Geografía e Historia, 1987. V. 1: Paraguay indígena, español y jesuita.

CARMAGNANI, Marcello (Ed.). *Federalismos latinoamericanos*: México, Brasil, Argentina. México, DF: Colégio de México/Fondo de Cultura Económica, 1993.

_____. *Los mecanismos de la vida económica en una sociedad colonial*: Chile, 1680-1830. Santiago de Chile: Biblioteca Nacional, 2001.

CARVALHO, M. J. M. *Liberdade: rotinas e rupturas do escravismo*. Recife, 1822-1850. 2. ed. Recife: UFPE, 1998.

_____. Os negros armados pelos brancos e suas independências no Nordeste, 1817-1848. In: JANCSÓ, István. (Org.). *Independência: história e historiografia*. São Paulo: Hucitec/Fapesp, 2005.

CASAUS ARZÚ, Marta. *Guatemala: linaje y racismo*. San José: Facultad Latinoamerica de Ciências Sociales, 1992.

CASTRO, Hebe Maria Mattos de. *Das cores do silêncio*: os significados da liberdade no Sudeste escravista. Brasil, século XIX. Rio de Janeiro: Arquivo Nacional, 1995.

CAULFIELD, Sueann. The history of gender in the historiography of Latin America. *Hispanic American Historical Review*, v. 81, n. 3/4, p. 449-490, 2001.

CHALHOUB, Sidney. *Trabalho, lar e botequim*. São Paulo: Brasiliense, 1986.

_____. *Visões da liberdade*: uma história das últimas décadas da escravidão na Corte. São Paulo: Companhia das Letras, 1990.

CHIARAMONTE, José Carlos. *Ciudades, provincias, estados*: orígenes de la nación Argentina (1808-46). Buenos Aires: Espasa Calpe, 1997.

CHILCOTE, Ronald. Issues of theory in dependency and marxism. *Latin American Perspectives*, v. 8, n. 3/4, p. 3-16, 1981.

_____. Post-marxism: the retreat from class in Latin America. *Latin American Perspectives*, v. 17, n. 2, p. 3-24, 1990.

COLMENARES, Germán. *La provincia de Tunja en el nuevo reino de Granada*. Ensayo de historia social (1539-1800). Bogotá: Universidad de Los Andes, 1970.

_____. *Historia económica y social de Colombia*, 1537-1719. Bogotá: Universidad Del Valle, 1973.

_____ (Ed.). *La independencia: ensaios de historia social*. Bogotá: Instituto Colombiano de Cultura, 1986.

_____. *Las convenciones contra la cultura*. Ensayos sobre la historiografía hispano americana del siglo XIX. Bogotá: Tercer Mundo, 1987.

CORTÉS CONDE, Roberto. Historia económica en América Latina. In: BRIGNOLI, H. P.; MARTINS, E. C. R. (Eds.). *Teoría y metodología en la historia de América Latina*. Paris: Unesco, 2006. (Historia General de America Latina, v. 9).

_____; STEIN, Stanley J.(Eds.). *Latin America: a guide to ecomic history, 1830-1930*. Berkeley, University of California Press, 1977.

COSTA, Jurandir Freire. *Ordem médica e norma familiar*. Rio de Janeiro: Graal, 1979.

CUCCORESE, Horacio Juan. *Historia critica de la historiografía socioeconómica argentina del siglo XX*. La Plata: Universidad Nacional de La Plata, 1975.

CUEVA, Agustín; VILLAMIL, Jose; FORTIN, Carlos. A summary of problems and perspectives of dependency theory. *Latin American Perspectives*, v. 3, n, 4, p. 12-16, 1976.

DIEGUES JR., Manuel; WOOD, Bryce (Eds.). *Social sciences in Latin America*. New York: Columbia University Press, 1967.

DOSSE, François. *Histoire du Structuralisme I*. Le champ du signe, 1945-1966. Paris: La Découverte, 1991.

_____. *A história em migalhas*: dos Annales à nova história. Tradução de Dulce Ramos. São Paulo: Ensaio, 1992.

EAKIN, Marshall C. Latin American history in the United States: from gentlemen scholars to academic specialists *The History Teacher*, v. 31 n. 4, p. 539-561, Aug. 1998.

EDWARDS, Alberto. *La fronda aristocrática en Chile*. Santiago: Imprenta Nacional, 1928.

ENGEL, Magali. *Meretrizes e doutores*: saber médico e prostituição no Rio de Janeiro. São Paulo: Brasiliense, 1989.

ESCOBAR, Arturo; ALVAREZ, Sonia E. *The making of social moviments in Latin America*: identity, strategy, and democracy. Boulder, CO: Westview, 1992.

EURAQUE, Dario. *Reinterpreting the Banana Republic*: region and state in Honduras, 1870-1972. Chapel Hill: University of North Carolina Press, 1996.

FALCON, Francisco J. C. A identidade do historiador. *Estudos históricos*, Rio de Janeiro, v. 9, n. 17, p. 7-30, 1996.

_____. *História e historiografia nos anos 50 e 60*. Niterói: 2004a.

_____. *História da história ou historiografia*. Niterói: 2004b.

FEBVRE, Lucien. Un champ privilégié d'études: l'Amérique du Sud. *Annales d'Histoire Économique et Sociale*, Paris, v. 1, n. 3, mai 1929.

FERNANDES, F. The social sciences in Latin America. In: DIEGUES JR., Manuel; WOOD, Bryce (Eds.). *Social sciences in Latina America*. New York: Columbia University Press, 1967.

FERREIRA, Roquinaldo A. Dinâmica do comercio intra-colonial: geribitas, panos asiáticos e guerra na tráfico angolano de escravos (século XVIII). In: FRAGOSO, João; GOUVÊA, Maria de Fátima Silva; BICALHO, Maria Fernanda Baptista (Orgs.). *O Antigo Regime nos trópicos*: a dinâmica imperial portuguesa (séculos XVI-XVIII). Rio de Janeiro: Nova Fronteira, 2001.

FERRY, Luc; RENAUT, Alain. *La pensée 68*. Essai sur l'anti-humanisme contemporain. Paris: Gallimard, 1985.

FICO, Carlos. *Reinventando o otimismo*: ditadura, propaganda e imaginário social no Brasil (1969-1977). Rio de Janeiro: FGV, 1997.

_____. *Além do golpe*. Rio de Janeiro: Record, 2004.

_____; POLITO, Ronald. *A história no Brasil*: elementos para uma avaliação historiográfica. Ouro Preto: Ufop, 1992.

FLORES GALINDO, Alberto. (Ed.). *Independência y revolución (1780-1840)*. Lima: Instituto Nacional de Cultura, 1987.

FLORESCANO, Enrique. *Precios de máiz y crisis agrícolas 1708-1810*. México, DF: El Colegio de México, 1969.

_____. La historia económica de la época colonial en América Latina: desarollo y resultados. In: BONILLA, Heraclio et al. *La historia económica en América Latina I*. Situación y métodos. México, DF: Sep/Setentas, 1972.

_____. Experiencia y perspectivas de la Comisión de Historia Económica de Clacso, 1970-1975. *Latin America Research Review,* v. 13, n. 2, p. 182-188, 1978.

_____ (Ed.). *Bibliografía general del desarrollo económico de México, 1500-1976*. DIH-Inah, 1980. 2v.

FRAGOSO, João Luís Ribeiro. *Homens de grossa aventura*: acumulação e hierarquia na praça mercantil do Rio de Janeiro (1790-1830). Rio de Janeiro: Arquivo Nacional, 1992.

_____; BICALHO, M. F.; GOUVÊA, M. F. (Orgs.). *Antigo Regime nos trópicos: a dinâmica imperial portuguesa (séculos XVI-XVIII)*. Rio de Janeiro: Civilização Brasileira, 2001.

_____ et al. (Orgs.). *Nas rotas do Império: eixos mercantis, tráfico e relações sociais no mundo português*. Vitória: Edufes, 2006.

_____; FLORENTINO, Manolo. *O arcaísmo como projeto*: mercado atlântico, sociedade agrária e elite mercantil no Rio de Janeiro, c.-790-c.1840. Rio de Janeiro: Diadorim, 1993.

_____; SAMPAIO, Antônio Carlos Jucá de; ALMEIDA, C. M. C. (Orgs.). *Conquistadores e negociantes*: histórias de elites no Antigo Regime nos trópicos. América Lusa, séculos XVI a XVIII. Rio de Janeiro: Civilização Brasileira, 2007.

FRANCO, Maria Sílvia de Carvalho. *Homens livres na ordem escravocrata*. São Paulo: Ática, 1974.

FRANK, André Gunder. *Capitalism and underdevelopment in Latin America*: historical studies of Chile and Brazil. New York: Monthly Review, 1967

FURTADO, Celso. *Economic development of Latin América*: a survey from colonial times to the Cuban revolution. Cambrigde: Cambrigde University Press, 1970.

GALINDO, Alberto Flores (Ed.). *Independência y revolución (1780-1840)*. Lima: Instituto Nacional de Cultura, 1987.

GARCIA DE LEÓN, Antonio. *Fronteras interiores*: Chiapas, una modernidad particular. México, DF: Oceanos, 2002.

GASPARI, Elio. *A ditadura envergonhada*. São Paulo: Companhia das Letras, 2002a.

_____. *A ditadura escancarada*. São Paulo: Companhia das Letras, 2002b.

_____. *A ditadura derrotada*. São Paulo: Companhia das Letras, 2003.

_____. *A ditadura encurralada*. São Paulo: Companhia das Letras, 2004.

GILLY, Adolfo. *El cardenismo, uma utopia mexicana*. México, DF: Cal y Arena, 1994.

GODIO, Julio. *Historia del movimiento obrero latinoamericano*. Caracas: Nueva Sociedad, 1983.

GONDRA, Luis Roque. *Estudios de historia y economia*. Buenos Aires: La Universidad, 1938.

_____. *Historia económica de la república Argentina*. Buenos Aires: Sudamericana, 1943.

GONZÁLES CASANOVA, Pablo (Ed.). *Historia del movimiento obrero en América Latina*. México, DF: Siglo XXI, 1984. 4v.

GONZÁLES, Luis. *Invitación a la microhistoria*. México, DF: SEP/Setentas, 1973.

GONZALES, Vitória; KAMPWIRTH, Karen (Eds.). *Radical women in Latin America*: left and right. Universitry Park: Penn State University Press, 2001.

GONZALO GARCIA, Lydia Milagros. *Una puntada en el tiempo*: la industria de la aguja em Puerto Rico. Santo Domingo: Centro para el Estudio de La Realidade Portorriqueña/Centro para la Acción Feminista, 1990.

GRAHAM, Richard. *Patronage and politics in nineteenth-century Brazil*. Stanford: Stanford University Press, 1990.

GRIFFITH, William. The historiography of Central America since 1830. *The Hispanic American Historical Review*, v. 40, n. 4, p. 548-569, Nov. 1960.

GROVER, Mark L. Latin American history: concerns and conflicts. *The History Teacher*, v. 21, n. 3, p. 349-365, May 1988.

GUERRA, François-Xavier. *Modernidad e independencias: ensayos sobre las revoluciones hispanicas*. Madrid: Mapfre, 1992.

GUY, Donna. Future directions in Latin American gender history. *The Americas*, v. 51, n. 1, p. 1-10, 1994.

HALPERIN-DONGHI, Túlio. "Dependency theory" and Latin American historiography. *Latin American Research Review*, v. 17, n. 1, p. 115-130, 1982.

HARBER, Paul Lawrence. Identity and political process: recent trends in the study of Latin American social movements. *Latin American Research Review*, v. 31, n. 1, p. 171-188, 1996.

HUERTA, María Teresa et al. *Balance y perspectivas de la historiografía social en México*. México, DF: Instituto Nacional de Antropología e Historia, 1979. 2v.

IANNI, Octávio. *Revolução e cultura*. Rio de Janeiro: Civilização Brasileira, 1983.

IARA, Álvaro. *Tierra novas*: expansión territorial y ocupación del suelo en América (siglos XVI-XIX). México, DF: Colegio de México, 1969.

IGGERS, G. *Historiography in the 20th century*. London: Wesleyan University Press, 1997.

JACKSON, Robert H. *Liberals, the Church, and Indian peasants*: corporate lands and the challenge of reform in 19th century. Albuquerque: University of New Mexico Press, 1997.

JANCSÓ, István (Org.). *Brasil: formação do Estado e da nação*. São Paulo: Hucitec, 2002.

_____ (Org.). *Independência do Brasil: história e historiografia*. São Paulo: Hucitec, 2005.

_____; PIMENTA, João Paulo G. Peças de um mosaico (ou apontamentos para o estudo da emergência da identidade nacional brasileira). In: MOTA, Carlos Guilherme. *Viagem incompleta*. A experiência brasileira (1500-2000). Formação: histórias. São Paulo: Senac, 2000.

JENKINS, Keith. Introduction: on being open about our closures. In: Jenkins, K. (Ed.). *The postmodern history reader*. New York: Routledge 1997.

_____. *A história repensada*. Tradução de Mário Vilela. São Paulo: Contexto, 2001.

JOHNSON, John J. One hundred years of historical writing on modern Latin America by United States historians. *The Hispanic American Historical Review*, v. 65, n. 4, p. 745-765, 1985.

JONES, Kristine L. Comparative ethnohistory and the Southern Cone. *Latin American Historical Review*, v. 29, n. 1, p. 107-118, 1994.

KAIMOVITZ, David. New perspectives on Central America history, 1838-1945. *Latin America Research Review*, v. 31, n. 1, 1996:201-210.

KAYE, Harvey J. *The British marxist historians*: an introductory analysis. Cambridge: Polity, 1984.

KELLER R., Carlos. *La eterna crisis chilena*. Santiago: Nascimento, 1933.

KLEIN, Herbert. La historia cuantitativa en América Latina. In: BRIGNOLI, Héctor P.; MARTINS, E. C. R. (Eds.) *Teoría y metodología en la historia de América Latina*. Paris: Unesco, 2006. (Historia General de América Latina, v. 9).

LARA, Sílvia Hunold. *Campos da violência:* escravos e senhores na capitania do Rio de Janeiro (1780-1808). Rio de Janeiro: Paz e Terra, 1988.

LEMMO, Angelina. *Historiografia colonial de Venezuela*. Caracas: Universidad Central de Venezuela, 1977.

LORA, Jorge; MALLORQUÍN, Carlos. *Prebisch y Furtado: el estructuralismo*. Puebla: Benemérita Universidad Autónoma de Puebla, 1999.

LOVE, Joseph L. The origins of dependency analysis. *Journal of Latin American Studies*, v. 22, n. 1, p. 143-168, 1990.

_____. *Crafing the Third World:* theorizing underdevelopment in Rumania and Brazil. Stanford: Standford University Press, 1996.

LOWY, Michel. *Le marxisme en Amérique Latine de 1909 à nos jours*. Paris: Maspero, 1980.

_____ (Ed.). *Marxism in Latin America from 1909 to the present*: an anthology. Atlantic Highlands: Humanities, 1992.

LOZANO, Fernanda Gil; PITA, Valeria Silvina; INI, Maria Gabriela. *Historia de las mujeres en Argentina*. Buenos Aires: Taurus, 2000.

LYOTARD, Jean-François. *A condição pós-moderna*. Tradução de José Bragança de Miranda. Lisboa: Gradiva, 1989.

MACHADO, Roberto et al. *Danação da norma*: medicina social e constituição da psiquiatria no Brasil. Rio de Janeiro: Graal, 1978.

MALERBA, Jurandir. As representações numa abordagem transdiciplinar: ainda um problema indócil, porém melhor equacionado. In: CARDOSO, Ciro Flamarion; MALERBA, Jurandir (Orgs.). *Repesentações: contribuição a um debate transdisciplinar*. Campinas: Papirus, 2000.

_____ (Org.). *A história escrita*: teoria e história da historiografia. São Paulo: Contexto, 2006a.

_____. *A independência brasileira: novas dimensões*. Rio de Janeiro: FGV, 2006b.

_____. Esboço crítico da recente historiografia sobre independência do Brasil (c.1980-2002). In: MALERBA, J. *A independência brasileira: novas dimensões*. Rio de Janeiro: FGV, 2006c.

_____. Teoria e história da historiografia. In: MALERBA, J. (Org.). *A história escrita*: teoria e história da historiografia. São Paulo: Contexto, 2006d.

_____. La historia y los discursos: una contribución al debate sobre el realismo histórico. *Contrahistorias*, México, DF, n. 7, p. 63-82, 2007a.

_____. História, memória, historiografia: algumas considerações sobre história normativa e cognitiva no Brasil. In: MALERBA, J.; AGUIRRE ROJAS, Carlos. (Orgs.). *Historiografia contemporânea em perspectiva crítica*. Bauru: Edusc, 2007b.

MANNARELLI, María Emma. *Limpias y modernas*: género, higiene y cultura en la Lima del novecientos. Lima: Flora Tristán, 1999.

MARIÁTEGUI, Carlos. *Siete ensayos de interpretación de la realidad peruana*. Caracas: Biblioteca Ayacucho, 1979.

MARICHAL, Carlos. *A century of debt crises in Latin America*: from independence to the Great Depression, 1820-1930. Princeton: Princeton University Press, 1989.

_____ (Ed.). *Las inversiones extrangeras en América Latina, 1870-1930*: nuevos debates y problemas en historia económica comparada. México, DF: Fondo de Cultura Econômica, 1995.

_____; LUDLOW, Leonor (Eds.). *Banca y poder en México (1800-1925)*. México, DF: Grijalbo, 1986.

MARINELLO, Juan : Pensamiento e invención de Anibal Ponce. In: PONCE, Anibal. *Obras*. La Habana: Casa de las Américas, 1975.

MARQUESE, R. B. *Feitores do corpo, missionários da mente*. Senhores, letrados e o controle dos escravos nas Américas, 1660-1860. São Paulo: Companhia das Letras, 2004.

MARTNER, Daniel. *Estudio de política comercial chilena e historia económica nacional*. Santiago: Imprenta Universitaria, 1923. 2v.

MATUTE, Álvaro. *La teoría de la historia en México*. México: SEP/Setentas, 1974.

McFARLANE, Antony. Independências americanas na era das revoluções: conexões, contextos, comparações. In: MALERBA, J. *A independência brasileira: novas dimensões*. Rio de Janeiro: FGV, 2006.

MORAES, José Geraldo Vinci de; REGO, José Márcio. *Conversa com historiadores brasileiros*. São Paulo: 34, 2002.

MORENO FRAGINALS, Manuel. *El ingenio: complejo económico social cubano del azúcar*. La Habana: Ciencias Sociales, 1978.

MORNER, Magnus. The study of Latin American history today. *Latin American Research Review*, v. 8, n. 2, p. 75-93, 1973.

MORSE, Richard. The strange career of "Latin-American studies". *The Annals of American Academy of Political and Social Science*, v. 356, p. 106-122, Nov. 1964.

MOTA, Carlos Guilherme. *Ideologia da cultura brasileira, 1933-1974*. São Paulo: Ática, 1980.

MOTT, Luiz Roberto de Barros. *Os pecados da família na Bahia de Todos os Santos*. Salvador: Centro de Estudos Baianos, 1982.

_____. *O sexo proibido*: virgens, *gays* e escravos nas garras da Inquisição. Campinas: Papirus, 1988.

MUNCK, Ronaldo. Postmodernism, politics, and paradigms in Latin America. *Latin American Perspectives*, v. 27, n. 4, p. 11-26, 2000.

MUNHOZ, Sidnei J. Thompson, o marxismo e o estudo dos protestos populares. *Revista do Programa de Pós-graduação em História da UFSC*, Florianópolis, v. 12, p. 107-122, 2004.

NEGRO, A. L. Um certo número de idéias para uma história social ampla, geral e irrestrita. In: MALERBA, Jurandir; AGUIRRE ROJAS, Carlos (Orgs.). *Historiografia contemporânea em perspectiva crítica*. Bauru: Edusc, 2007.

NEVES, L. M. B. P. *Corcundas e constitucionais: a cultura política da Independência (1820-1822)*. Rio de Janeiro: Revan/Faperj, 2003.

NOIRIEL, Gerard. Enjeux: une histoire sociale du politique est-elle possible? *Vingtième siècle*, n. 24, p. 81-96, oct./déc. 1989.

OSZLAK, Oscar. The historical formation of state in Latin America: some theoretical and methodological guidelines for its study. *Latin American Research Review*, v. 16, n. 2, p. 3-32, 1981.

PEREZ BRIGNOLI, Héctor. *Breve historia de Centroamérica*. Madrid: Alianza Editorial, 1985.

_____. *Breve historia contemporánea de Costa Rica.* México, DF: Fondo de Cultura Económica, 1997.

_____. La demografía histórica en América Latina. In: PÉREZ BRIGNOLI, H.; MARTINS, E. C. R. (Eds.) *Teoría y metodología en la historia de América Latina.* Paris: Unesco, 2006. (Historia General de América Latina, v. 9).

_____; MARTINS, E. C. R. (Eds.). *Teoría y metodología en la historia de América Latina.* Paris: Unesco, 2006. (Historia General de América Latina, v. 9).

_____; SAMPER, Mario. *Tierra, café y sociedad.* San José: Facultad Latinoamerica de Ciências Sociales, 1994.

PÉREZ CABRERA, José. *Historiografía de Cuba.* México, DF: Instituto Panamericano de Geografía e Historia, 1962.

PÉREZ CEVALLOS, Manuel; PÉREZ GOLLÁN, José Antonio (Eds.). *La etnohistoria en Mesoaméreica y los Andes.* México, DF: Inah, 1987. (Textos Basicos y Manuales).

PIETERS, Jurgen. New historicism: postmodern historiography beteween narrativism and heterology. *History & Theory,* v. 39, n. 1, p. 21-38, 2000.

PORTILLA, Miguel Leon. *Visión de los vencidos: relaciones indígenas de la conquista.* México, DF: Unam, 1959.

POSADA-CARBÓ, Eduardo. *The Colombian Caribbean: a regional history.* New York: Clarendon of Oxford University Press, 1996.

POZZI, Pablo; SCHNEIDER, Alejandro. *Combatiendo el capital*: crisis y recomposición de la classe obrera argentina (1985-1993). Buenos Aires: El Bloque, 1994.

PRADO, María Ligia Coelho; CAPELATO, Maria Helena Rolim. A l'origine de la collaboration universitaire franco-brésilienne: une mission française à la Faculté de Philosophie de São Paulo. *Prefaces,* n. 14, juil./sept. 1989.

RAGO, MARGARETH. *Do cabaré ao lar: a utopia da cidade disciplinar.* Brasil, 1890-1930. Rio de Janeiro: Paz e Terra, 1985.

RAGO, Margareth. *Os prazeres da noite:* prostituição e códigos da sexualidade feminina em São Paulo. Rio de Janeiro: Paz e Terra, 1991.

REIS, João José. *Rebelião escrava no Brasil*: história do levante dos malês (1835). São Paulo: Brasiliense, 1986.

REMOND, René (Org.). *Pour une histoire politique*. Paris: Seuil, 1988.

RIBEIRO, Maria Eurydice de Barros. *Os símbolos do poder*: cerimônias e imagens do Estado monárquico no Brasil. Brasília, DF: UnB, 1995.

RODRÍGUEZ, Jaime (Ed.). *The independence of Mexico and the creation of the new nation*. Los Angeles: Latin American Center/Ucla, 1989.

_____ (Ed.). *Mexico in the age of democratic revolutions, 1750-1850*. Boulder, Co: Lynne Rienner, 1994.

RODRIGUEZ, Octavio. *Teoria do subdesenvolvimento da Cepal*. Rio de Janeiro, Forense Universitária, 1981.

ROSEMBERG, Mark B. Central America: toward a new research agenda. *Journal of Interamerican Studies and World Affairs*, v. 26, n. 1, p. 145-153, Feb. 1984.

ROUANET, Sérgio Paulo. *As razões do iluminismo*. São Paulo: Companhia das Letras, 1987.

RÜSEN, J. *Studies in metahistory*. Pretoria: Humana Sciences Research Council, 1993.

SAGUIER, Eduardo. *GENEALOGÍA DE LA TRAGEDIA ARGENTINA (1600-1900)*. 2008. Disponível em: < http://www.er-saguier.org/ >. Acesso em: 5 maio 2008.

SAHLINS, Marshall. *Esperando Foucault, ainda*. São Paulo: Cosac & Naif, 2005.

SANTOS, Afonso M. dos. *No rascunho da nação*: inconfidências no Rio de Janeiro. Rio de Janeiro : Prefeitura Municipal do Rio de Janeiro, 1992.

SANTOS, Boaventura de Souza. *Toward a new common sense: law, science and politics in the paradigmatic transition*. New York: Routledge, 1995a.

_____. *Pela mão de Alice*. 4 ed. Porto: Afrontamento, 1995b.

SATO, Masayuki. Historiografia cognitiva e historiografia normativa. In: MALERBA, J. *A história escrita*: teoria e história da historiografia. São Paulo: Contexto, 2006.

SCHMIDT-WELLE, Friedhelm. Los estudios culturales en y sobre América Latina. In: BRIGNOLI, Héctor P.; MARTINS, E. C. R. (Eds.). *Teoría y metodología en la historia de América Latina*. Paris: Unesco, 2006. (Historia General de América Latina, v. 9).

SCHWARCZ, Lilia Moritz. *As barbas do imperador*: d. Pedro II, um monarca nos trópicos. São Paulo: Companhia das Letras, 1998.

SEMPAT ASSADOURIAN, Carlos et al. *Modos de producción en America Latina*. Córdoba: Passado y Presente, 1973.

SEMPER K, Mario. *Crisis y perspectivas del café latinoamericano*. Costa Rica: Icafe, 1994.

SILVA, Luiz Geraldo Santos. *A faina, a festa e o rito*. Uma etnografia histórica sobre as gentes do mar (sécs. XVII ao XIX). Campinas (SP): Papirus, 2001.

_____. O avesso da Independência: Pernambuco (1817-1824). In: MALERBA, Jurandir (Org.). *A Independência brasileira*. Novas dimensões. Rio de Janeiro: FGV, 2006.

SKIDMORE, Thomas. The historiography of Brazil, 1889-1964. Part II. *The Hispanic American Historical Review*, v. 56, n. 1, p. 81-109, Feb. 1976.

_____. Studying the history of Latin America: a case of hemispheric convergence. *Latin America Research Review*, v. 33, n. 1, p. 105-127, 1988.

SLENES, Robert. *Na senzala, uma flor*: esperanças e recordações na formação da família escrava. Rio de Janeiro: Nova Fronteira, 1999.

_____. A árvore de Nsanda transplantada: cultos kongo de aflição e identidade escrava no sudeste brasileiro (século XIX). In: LIBBY, Douglas Cole; FURTADO Júnia (Orgs.). *Trabalho livre, trabalho escravo*: Brasil e Europa, séculos XVIII e XIX. São Paulo: Anna Blume, 2006.

SOSA ELÍZAGA, Raquel. *Los códigos ocultos del cardenismo*: un estudio de la violencia politica, el cambio social y la continuidad institucional. México, DF: Unam/Plaza y Valdés, 1996.

SOUZA, Iara Lis Caravalho. *Pátria coroada*. o Brasil como corpo político autônomo (1780-1831). S. Paulo: Unesp, 1999.

SOUZA, Laura de Mello e. *O diabo e a Terra de Santa Cruz*: feitiçaria e religiosidade popular no Brasil colonial. São Paulo: Companhia das Letras, 1987.

SPALDING, Hobart. New directions and themes in Latin American labor and working-class history: a sampler. *Latin America Research Review*, v. 28, n. 1, p. 202-214, 1993.

STEIN, Stanley. The historiography of Brazil, 1808-1889. *The Hispanic American Historical Review,* v. 40, n. 2, p. 234-278, 1960.

STONE, Lawrence. The revival of narrative: reflections of a new old history. *Past and Present,* n. 85, p. 3-24, 1979.

_____; SPIEGEL, G. History and postmodernism. *Past & Present,* n. 135, p. 189-208, 1992.

SUNKEL, Osvaldo. *El subdesarrollo y la teoria del desarrollo.* México, DF: Siglo XXI, 1970.

SZMRECSÁNYI, Tamás. Retomando a questão do início da historiografia econômica no Brasil. In: *Congresso Brasileiro de História Econômica,* 5. Caxambu, set. 2003 Disponível em: < http://www.abphe.org.br/congresso2003/textos.html >. Acesso em: 17 jun. 2008.

TANDETER, Enrique, JOHNSON, Lyman. *Essays on the price history of eighteenth-century Latin America.* Albuquerque: University of New Mexico Press, 1990.

TAYLOR, Diana; VILLEGAS, Juan (Eds.). *Negotiating performance*: gender, sexuality, and theatricality in Latin America. Durham: Duke University Press, 1995.

TENORIO TRILLO, Mauricio. Historia, cultura y "América Latina". In: BRIGNOLI, Héctor P.; MARTINS, E. C. R. (Eds.). *Teoría y metodología en la historia de América Latina.* Paris: Unesco, 2006. (Historia General de América Latina, v. 9).

TEPASKE, John J. Recent trends in quantitative history: colonial Latin America. *Latin America Research Review,* v. 10, n. 1, p. 51-62, Spring 1975.

TONATIUH AGUILA, Marcos; ENRIQUE PEREA, Alberto (Eds.). *Perspectivas sobre el cardenismo*: ensaios sobre economía, trabajo y cultura en los años treinta. México, DF: Unam/Azcapotzalco, 1996.

TOPOLSKY, Jerzy (Ed.). *Historiography between modernism and postmodernism.* Amsterdam: Rodopi, 1994.

TORRE, Ernesto de la. *La independencia mexicana.* México: Fondo de Cultura Econômica, 1982.

_____. *La independencia de México.* Madrid: Mapfre, 1992.

TOSCANO, Alejandra Moreno. *Ciudad de México.* Ensayo de construcción de uma historia. México, DF: DIH/Inah, 1978.

URIBE, Victor. The enigma of Latin American independence: analyses of the last ten years. *Latin American Research Review*, v. 32, n. 1, p. 236-255, 1997.

VAINFAS, R. *Trópicos dos pecados*: moral, sexualidade e Inquisição no Brasil. Rio de Janeiro: Campus, 1989.

VANDEN, Harry E. *National marxism in Latin America*: José Carlos Mariategui's thought and Politics. Boulder: Lynne Reinner, 1986.

VASQUEZ, Luis Opinia. *Industria y protección*. Medelin: Santa Fé, 1955.

VILABOY, Sérgio Guerra. Os fundadores da historiografia marxista na América Latina. In: MALERBA, J.; AGUIRRE ROJAS, A. C. *Historiografia contemporânea em perspectiva crítica*. Bauru: Edusc, 2007.

WALLERSTEIN, I.; ARRIGHI, Giovani; HOPKINS, Terence. 1989: the continuation of 1968. *Review*, Binghampton, v. 15, n. 2, 1992.

WALLERSTEIN, Immanuel. 1968: revolución en el sistema mundo. Tesis e interrogantes. *Estudos sociológicos*, México, n. 20, 1989.

_____. New revolts against the system. *New Left Review*, v.18, Nov./Dec. 2002.

WEHLING, Arno. Os "quadros de ferro": o paradigma Varnhagen. In: *Estado, história, memória: Varnhagen e a construção da identidade nacional*. Rio de Janeiro: Nova Fronteira, 1999.

WOODS, Ellen Meikins. *The retreat from class: a new "true" socialism*. London: Verso, 1986.

YOUNG, Eric von. The new cultural history comes to old Mexico. *The Spanic American Historical Review*, v. 79, n. 2, p. 211-247, mayo 1999.

ZAGORIN, Perez. History, the referent, and narrative: reflections on postmodernism now. *History and Theory*, v. 38, n. 1, p. 1-24, Feb. 1998.

Este livro foi impresso nas oficinas gráficas da Editora Vozes Ltda.,
Rua Frei Luís, 100 – Petrópolis, RJ,
com papel fornecido pelo editor.